玩好数学

小学益智学具游戏化
拓展型课程建设

刘世漪 著

上海交通大学出版社
SHANGHAI JIAO TONG UNIVERSITY PRESS

内容提要

本书根据培养学生核心素养的需要，将益智学具引入小学数学课堂，开发设计"益智游戏"拓展型课程，形成基于益智学具的小学数学游戏化拓展型课程内容体系。通过建构"自主探究＋小组合作学习"的课程实施方式和凸显多元性的课程评价体系，确保课程的实施成效。本书完善了学校的课程体系，促进了教师的专业成长，也让数学学科的育人价值得到了更好的发挥。

本书可供基础教育阶段数学老师参考，也适合对游戏化课程开发感兴趣的老师阅读。

图书在版编目（ＣＩＰ）数据

玩好数学：小学益智学具游戏化拓展型课程建设 / 刘世漪
著. —上海：上海交通大学出版社，2021
　　ISBN 978 - 7 - 313 - 24785 - 8

　　Ⅰ.①玩⋯　Ⅱ.①刘⋯　Ⅲ.①小学数学课-课堂教学-
教学研究　Ⅳ.①G623.502

中国版本图书馆 CIP 数据核字（2021）第 043058 号

玩好数学:小学益智学具游戏化拓展型课程建设
WAN HAO SHUXUE: XIAOXUE YIZHI XUEJU YOUXIHUA TUOZHANXING KECHENG JIANSHE

著　　者：刘世漪
出版发行：上海交通大学出版社　　　　地　　址：上海市番禺路 951 号
邮政编码：200030　　　　　　　　　　电　　话：021 - 64071208
印　　刷：上海万卷印刷股份有限公司　经　　销：全国新华书店
开　　本：710mm×1000mm　1/16　　　印　　张：12
字　　数：212 千字
版　　次：2021 年 2 月第 1 版　　　　　印　　次：2021 年 2 月第 1 次印刷
书　　号：ISBN 978 - 7 - 313 - 24785 - 8
定　　价：68.00 元

前　言
Foreword

> 游戏是儿童认识世界和改造世界的途径。
>
> ——高尔基

在建构幸福愉悦而又高效的课堂教学过程中,游戏是近年来颇受关注的载体和方式。在小学数学领域,开发游戏化拓展型课程并不是全新的话题,老师们对它虽然很有想法,却无从下手。

2016年初,我所在的上海市虹口区四川北路第一小学(简称川一)从北京凌伊动力教育科技有限公司引进了一批"益智学具",用于学校拓展型课程的使用,该学具源自以色列思维实验室 Dilemma Games 开发的创新教育课程,其理念是以益智教、学具和益智活动为主要实施手段,提高儿童甚至是成人的认知能力;其目标是增强和锻炼思维及分析能力。我们从100多种益智学具中挑选了适合小学一至五年级学生使用的50种,以"游戏活动"形式引入学校拓展型课程。在实践中,我们发现学生在运用"益智学具"开展游戏的过程中,动手、动脑、主动探索的欲望强烈,相互合作、共同探讨的行为随时发生,他们享受这种过程,并乐意互相共享经验、互相谦让理解、共同解决问题。这些引发了我们对"益智学具"的深入思考和研究:如何更好地使用"益智学具"发展学生的核心素养?

在问题的引导下,学校以数学学科为突破,尝试将游戏化的理念引入学科教学之中,围绕"益智学具"的应用,遵循学生的身心发展规律和年龄特征,结合数学教学内容开始了益智学具游戏化拓展型课程的开发与建设,并按年级形成了校本学本。在基于益智学具的游戏化拓展型课程的开发与实践过程中,形成具体实施操作的方法手段,积累案例,总结经验,提炼理论。最终,按课程设计原则,构建了提升学生数学思维、探究兴趣、创新品质、实践能力的拓展型课程。

在拓展型课程的创造性设计与实施过程中,我校走出了一条旨在提升教学趣味性和有效性的独特道路,既有效拓展了学科的育人价值,让"立德树人"的教育根本任务有了更加丰富的落实载体,也促进了学生的全面发展与教师的专业成长,打造了一条适应新时代教育改革发展的学校特色教学品牌塑造之路。本书所要呈现的,就是我校基于益智学具的游戏化拓展型课程建设过程,以及这一过程中的思考与行动。

在我校"以趣促能,小学数学'益智学具'游戏化校本课程的开发与实践研究"市级课题研究期间,得到了上海市虹口区教师进修学院小学数学教研员徐向颖、徐燕两位专家的专业指导,并对《小学数学"益智学具"游戏化学本》和《小学数学"益智学具"游戏化学习指南》的编写工作提出了建设性的意见,谨致真诚谢意!

刘世漪

2020 年 12 月

目　录
Contents

绪言　让学生在愉悦的课堂感受中收获成长

　　新世纪钟声敲响的那一刻仿佛犹在耳际，人类社会的新千年又已经不知不觉走过了21个春秋。在这21年中，作为一名教育工作者，我能够深刻感受到教育事业发展的日新月异，也能够深刻感受到教育变革的紧迫感与使命感。

　　每一天早上，当太阳升起的时候，我都会和当天的执勤老师一起站在学校门口迎接孩子们上学，在熙熙攘攘的人群中，我感受到的是孩子们对学校美好生活的期盼，这也正是教育之于每一个家庭幸福的价值，是整个社会对于教育改革发展关注的原因。我特别感动于孩子们松开家长的手，转身走入校门的那一刻，他们脸上绽放的笑容是我们作为教师至高无上的追求和荣耀。

　　每每此时，我都会想起苏霍姆林斯基关于教育的那个著名观点：人是教育的最高价值。

　　对于这一观点，我比较认同李镇西的阐述——如果我们承认"儿童是教育的最高价值"，那就意味着教育要尊重儿童的天性、尊严、个性、精神世界、发展潜力，尊重儿童未来的无限可能性……而这一切都指向儿童的幸福！

　　教育，说到底是要给人幸福。但我们很多教育者往往对学生说："你们现在辛苦，是为了将来的幸福。"家长也爱这样对孩子讲。好像儿童这段经历是为未来做准备的。可无论陶行知还是苏霍姆林斯基都认为，童年有着独立价值，本身应该是幸福的。我们的教育就是要让孩子发现自己的幸福，享受当下的幸福，并为将来的幸福做好必要的准备。

一、教育的本质在于提升学生的生命质量

　　任何的教育变革，都是对教育本质问题的独特思考和回应。教育的本质，是一个最为基本的教育问题[①]。教育随社会的产生而产生，是作为个体的人与社会

---

　　① 苏渭昌，雷克啸，章炳良.中国教育通史(中华人民共和国卷)[M].北京：北京师范大学出版社，2013.

发展必不可少的手段，为一切社会所必需，又随社会的进步而发展；受社会政治、经济、文化等方面的制约，也对社会整体及其诸多方面产生影响；教育还受制于个体的身心发展规律。这充分体现了教育所具有的复杂面向，也表明理解教育本质，既要认识其个体面向，也要具有宏观视阈，在经济、政治、社会和文化中进行考察。新中国成立70多年来从未停止过对教育本质的探索，种种探索都在不同时期的宪法文本及党代会报告中留下了痕迹。梳理其间教育本质的论述，可以发现一条清晰的线索，那就是任何对教育本质单一面向的判断都会有失偏颇。对教育本质的不断探索也是新中国成立以来社会主义事业不断探索的缩影。教育首先是自身，具有知识文化事业的本质属性，但客观上对个体发展和国家经济又都具有促进作用，具有经济面向的功能；随着社会主要矛盾的变化，教育的社会事业面向更为突出，不再限于过去对经济发展的功利性价值，对社会公平、国家统一、民族复兴乃至国际交流的作用也得到重视，人民群众对教育的获得感和满意感更为突出，教育的社会意义更加凸显①。

回溯新中国成立以来的教育变革，尽管在不同的历史时期对于教育本质问题的理解不尽相同，但是就近年来的教育改革与发展而言，强调教育对于生命的关注，强调教育改革中"人"的意识，强调教育促进学生成长成才的价值取向已经越来越明显。长期以来，人们以工具理性来认识教育，重视教育的功能性，忽视教育的本体性。近些年来，学术界开始重视教育本体性的研究，因此提出生本教育、生命教育、和谐教育等理念，提出教育要尊重生命、发展生命、促进学生和谐发展。联合国教科文组织2015年的报告《反思教育：向"全球共同利益"的理念转变？》（以下简称《反思教育》）也提出，教育应该以人文主义为基础，以尊重生命和人类尊严、权利平等、社会正义、文化多样性、国际团结和为可持续的未来承担共同责任②。由此，从生命发展的视角来说，教育的本质可以概括为：提高生命的质量和提升生命的价值。教育对个体来说，提高生命的质量，就是使个体通过教育，提高生存能力，从而能够生活得有尊严和幸福；提升生命价值，就是使个体通过教育，提高思想品德和才能，从而能够为社会、为他人作出有价值的贡献。人都要实现人生价值，人生价值就是要对社会、对人类、对自然作出一点贡献。人的价值总是体现在与他人、他事的关系中。在人类社会中孤立的自我价值是不存在的。这就又回到功能性问题了。所以教育的本体性与功能性是无法分开

① 姚金菊.新中国70年关于教育本质的探索：回顾与展望[J].首都师范大学学报（社会科学版），2019(6)：1-10.
② 联合国教科文组织.反思教育：向"全球共同利益"的理念转变？[M].北京：教育科学出版社，2017.

的①。由此,教育必须回归人性,回到本真,用本真的教育去培养人、塑造人。这样的人,情感与理性并存,富有同情心和自爱心,这样的教育是适合每个人的个性化教育。因此,教育应该以人为本,而不是以考试为本、以分数为本、以学科为本。回归人性的教育,可以更好地认识学生,用学生的天性辅助其学习,辅助其未来事业的发展②。这既是总结人类教育改革发展历史所得出的必然结论,也是当前推动新时代高质量学校人才培养体系建设应有的逻辑起点。

二、幸福的课堂是学生生命质量的提升基础

学生的生命质量在很大程度上取决于学校教育的质量,而学校教育的质量,最为直接的体现和最为重要的保证则是课堂教学质量。从建构使学生幸福的学校生活的角度出发,关注课堂教学的质量,一个重要的指标就是学生在课堂教与学过程中的实际感受,这也就意味着打造幸福愉悦的课堂教学既是学生幸福学校生活的前提和基础,也是教育教学改革的重要出发点和突破口。尽管育人的路径很多,但自从有班级授课以来,课堂教学一直占据着主导地位,所以对课堂教学的重视也达到"无以复加"的程度。因此,在课程与教学变革的历史进程中,越来越多的教育工作者认识到,课堂是否能让儿童学得快乐,获得高效,直接影响着教育的质量,影响着儿童的发展,关系着国家人才的培养质量。

在我看来,幸福愉悦的课堂,可以从多个维度进行表征,但是最为根本的是对学生学习规律的认知与尊重。首先,学习知识对于儿童并非轻而易举之事,具有一定的复杂性。因为知识并不是孤立存在的,也不是人们习惯上认为的一个一个的点的罗列。学习科学阐明,每一个知识点都是以一定的结构状态相互联系地处在一定的系统中,而且是一个动态的、发展的系统。儿童的阅历浅、经验少,学习知识又必须与社会、与经验相连,还需要经过自身的建构过程,这些多方面因素决定了儿童学习知识的复杂性和难度。其次,学习过程中,学习内容的变化、作为学习者的儿童之间的差异、学习者个体本身情绪的不稳定,决定了在即时的学习情境中,教师与学生以及学生之间对话的碰撞甚至冲突,包括教师在儿童学习过程中瞬间产生的反思,教育智慧即时的发挥和顿悟,随机应对与引导,等等。这种变化中的学习过程必然是动态的,儿童也随之浸润在一个不确定的学习过程中。

作为教育工作者,在面对儿童学习过程的不确定性预设对策时,必须看到积

① 顾明远.再论教育本质和教育价值观:纪念改革开放40周年[J].教育研究,2018(5):4-8.
② 杨嵘均.回归人性:关于教育本质的再认识[J].华南师范大学学报(社会科学版),2020(4):58-70,190.

极的方面,那就是教学的基本原理是不变的,它是规律的揭示,是教学的真谛;而且,儿童的学习行为及学习情绪也是可以预见的,可以从学习过程中线性的因果规律性去把握。我们的教学设计只要充分地把握教学原理,珍视教育现场中可能出现的良性现象,并由此拓展开去,"以不变应万变",就能以确定的干预获得确定的结果。正因为如此,教学设计也才有它现实的积极意义和价值。简言之,追求愉悦幸福的课堂教学,一个重要的出发点就是以教学原理不变的稳定性,抗衡学习过程的不确定性,来把握儿童动态的认知过程①。特别在教育的过程中,教师如果能够充分调动儿童的多种感觉器官,创设能够引发儿童学习兴趣的多类情境,其所孕育的儿童快乐、高效学习的范式,就能够把"儿童的情感活动与认知活动结合起来",成就"儿童学习的核心"②,打造既高效又幸福的课堂。

基于上述论述,课堂教学是教师与学生交流的主场所,是教学与学习交互的主渠道,这意味着课堂教学的发展方向与趋势,不仅决定着教师教学模式的重构,还决定着学生学习方式的转变;不仅决定着教师专业发展路径的调整,还决定着学生校园生活质量的高低。正是基于这样的考虑,不管对课堂教学多么重视,与其重要性相比,都是应该的。可是,问题并不在于是不是要重视课堂教学,而是应该重视课堂教学的哪个方面。从一线教学的实际感受来说,只有学生学习了,课堂才有教育意义,所以课堂教学要激发学生的学习兴趣;教学与学习相互适应了,教学才能在更大程度上发挥对学习的引领作用,所以课堂教学要做到以学定教;教学内容只有贴近学生的生活,让学生感受到其实用性,才能够使其对学习更有兴致,所以课堂教学要尽可能做到生活化。这些论点已经成为当下发展课堂教学的主流思想,主导着课堂教学变革的方向与趋势。可是,尽管这些论点为中小学教师普遍接受,但沿着这个方向推进课堂教学变革的难度并不小,推进成效也并不理想,成功的个例在优秀教师的课堂中时有发生,但大范围的成功仍然遥不可及③,这其中一个重要的原因或许是教师没有寻找到开展既有趣又有效的课堂教学的抓手和载体。作为一线教育管理者,在开展教学指导和教师专业发展等相关工作的过程中,我深刻感受到,随着课程改革的深入以及教师职前、职后教育体系的不断完善,教师的教学理念、教育观念等正在发生着深刻的转型和重构,教师不再是传统认知中的"教育理论盲点",不再是"只会教育实践不懂教育理论"的单一存在,教师日渐丰富的教育理论体系已经能够在很大程度上支撑他们的教育变革行动。因此,就打造幸福愉悦的课堂教学而言,教师在认

---

① 李吉林.学习科学与儿童情境学习:快乐、高效课堂的教学设计[J].教育研究,2013(11):81-91.
② 高文.学习创新与课程教学改革[M].广州:广东教育出版社,2007.
③ 周彬.论回归立德树人的课堂教学建构[J].中国教育学刊,2020(4):48-53.

知层面已经不再存在普遍性的问题,他们都能够很好地认识到这种变革的价值及其背后蕴藏的理论支持,但在这个过程中最为关键的是如何找到有效的变革载体,如何让"有趣"和"有效"的课堂通过科学的设计与实施真正得以发生。

三、以游戏的方式探寻幸福课堂的生成之道

在建构幸福愉悦而又高效的课堂教学过程中,游戏是近年来颇受关注的载体和方式。

说起游戏,其存在的时间甚至比人类的历史还要长远。从生物进化的角度来看,早在人类出现之前,游戏就已经出现在一些高等动物的日常活动之中,如动物之间非攻击性的搏斗等,可以说就是游戏最原始的雏形。对于人类而言,无论是原始社会中广泛存在的狩猎模拟游戏,还是农业社会中涌现的各种益智游戏玩具(如七巧板、华容道等),抑或是近现代社会中兴起的电子游戏(如街机游戏、网络游戏、VR/AR 游戏等),都既是十分重要的社会活动,又是重要的教育形式、教育载体。

人类社会发展早期人们是通过共同生活来实现"教育"的,而这种具有教育功能的"共同生活"主要就源于劳动和游戏,并且对于尚未发育成熟的儿童和青少年来说,游戏就是他们为成年生活做准备的重要教育方式。荷兰著名历史学家、文化学家、游戏研究先驱胡伊青加从文化的角度对游戏这一社会现象进行过深入研究,在其著作《人:游戏者》一书中,采用文化史学的研究思路和方法,得出了"人是游戏者,人类文明是在游戏中并作为游戏而产生和发展起来的"这一结论①。确实,原始的游戏不但是教育雏形的载体,而且这些丰富多彩的游戏形式也慢慢衍变为现代艺术和体育的核心原型。随着人类社会的发展,正式的教育得以形成,教育游戏思想也得到了进一步的发展:一方面,以游戏为原型的艺术和体育正成为学校教育的重要内容,用来培养人的美德与技能;另一方面,游戏带给人的兴趣与快乐开始受到关注。可以说,游戏是教育内容的源泉,同时,游戏自身趣味性所带给人的独特精神体验也受到了一定程度的关注。工业革命以来,随着技术的进步和发展,人类社会在很大程度上摆脱了物质的匮乏,开始步入现代社会,现代意义上的学校教育逐渐形成。在对现代教育体系下教育价值的追问过程中,"兴趣说"(the doctrine of interest)开始在西方教育中大量涌现,一大批教育学家从不同方面对兴趣在教育中的重要作用进行了论述。比如,夸美纽斯,虽然由他提出的班级授课制在现实执行中受到了人们的批评,但他在

---

①　董虫草.胡伊青加的游戏理论[J].浙江大学学报(人文社会科学版),2005(3):48-56.

《大教学论》中提出设计构想时，其实是希望这一制度下的学校教育"能够使教员和学生全都得到最大的快乐"；洛克在《教育片论》中就明确指出"我们要仔细地观察幼童性情的变化，尤其注意把握他们喜好和兴趣上的有利时机……因为他兴致好的时候，就乐于花上三倍的时间来学习"，他提倡游戏教育和教学的娱乐游戏化，让儿童快乐地学习；卢梭更是将"兴趣说"推上了教育思想的巅峰，他所主张的从儿童的个人爱好和兴趣出发进行教育，主要论述了兴趣的动力机制对于学习的积极作用，强调兴趣培养在教育中的重要性，并同样认为教学方法应与兴趣相结合[1]。对于游戏在教育中合理应用的最深刻研究来自杜威。杜威提出了"教育即生活"这一思想观点，他认为，以知识为中心的学校教育脱离了学生的生活实际，无法引起学生的学习兴趣，由此"教学法最好要从学生的经验与能力出发，学校也应在工作与游戏里面，采用一种活动，与青年在校外所从事的相类似"[2]，在此基础上，他进一步提出"做中学"的观点，强调教育中参与的重要性，其中专门提到了对教学中使用游戏的一些看法。他认为游戏应纳入学校课程体系的一部分，但学校的游戏课程与校外游戏是有差别的——在校外环境中，教育的结果是游戏的副产品，具有偶然性，可能产生好的结果，也可能是坏的结果；但当游戏成为学校课程的一部分时，这种教育结果的偶然性应该得到有效的控制和指导，使其在教师的引导下更易产生好的教育结果。

在当下的经济社会发展状态中，信息技术的广泛运用带来了人类生存与发展的新机遇和新挑战，由此衍生的教育理念与方式的转型无疑是对社会和教育生态的一次巨大考验。普遍而言，当今时代，物质的丰盈为人们关注自己提供了前提和保障，但内在精神的匮乏与外在物质的欲望交织在一起，却使得教育的实施正在经历从未有过的艰难。必须承认，原有教育体系的知识技能价值观培养仍然重要，但在当今时代下如何让学生愿意主动"消费"并心满意足地"接受"教育可能正变得更为重要。从一定层面上讲，游戏的趣味性为适应消费时代的教育提供了天然的温床，教育游戏思想冲破了外在趣味性的限制后，已经开始着眼于学生内在动机的激发，以及如何更好地用游戏促进学生学习的真正发生：一方面，游戏自身的新奇与奖励属性，可以激发学生的外在动机，这也是之前游戏外在趣味性的体现；另一方面，游戏内在的竞争、合作、挑战、叙事等属性，经过科学有效的设计可以用来激发学生的内在动机，促使学生在学习过程中投入更多精力。可以说，游戏作为一种教学方式已经受到了更多的认可，而且随着科研力量

①　郭戈.西方兴趣教育思想之演进史[J].中国教育科学,2013(1):124-155,211.
②　杜威.民主主义与教育[M].王承绪,译.北京:人民教育出版社,2001.

的不断推进,其在教育中的实践方式也开始更加聚焦核心,逐渐从外在形式向内在精神转变①。

基于上述分析,游戏思想在教育中的渗透,从人类社会形成开始就已经产生,并且,伴随着社会发展和人自身对教育的不同要求②,在人类社会的不同历史发展时期和教育形态中,虽有不同教育游戏思想的表现,却贯穿始终③。将游戏化的思想引入教育体系中,不仅有助于提升课堂教学的趣味性和吸引力,也能够加深学生对于课堂的参与度,引导学生更好地转变学习方式,这与当前课程与教学改革的核心思路是一脉相承的。从这个思想出发,在当今时代的教育教学与人才培养改革中,游戏化的教学方式依然是一种有着广阔开发与应用价值的变革思路。

上海市虹口区四川北路第一小学位于四川北路 1802 号,占地面积 7655 平方米,绿化覆盖率达到 20%。学校建有教学大楼 3 幢,大礼堂 1 座,艺术专用楼 1 幢,足球场 1 个,游泳池 2 个,还建有信息技术室、科学技术室、美术室、唱游室、舞蹈房、创新实验室(扎染室)、益智游戏室、心理辅导沙盘室、急救训练室、学生电子图书阅览室、教师工会读书室、羽毛球馆等专用设施。目前建制教学班 22 个,学生 667 人,在岗专职教师 82 人,中学高级教师 4 人,小学高级教师 54 人,高级教师占比为 70.7%;其中,大学本科学历 60 人,大学专科学历 21 人,占比为 98.8%。教师队伍中,有上海名师基地学员、虹口区学科带头人、虹口区十佳青年、教学新秀、学科骨干教师等,既有经验足能力强的,又有学历职称高、年轻有朝气的。

学校以"融合"理念为指引,以"忠、爱、勤、毅"为校训,倡导"和谐、发展"的校风,"求实、创新"的教风,"勤奋、善思"的学风,在教育教学、科研、艺术体育等方面获得了各级各类荣誉,教师和学生个人更是获奖颇丰,整体办学效果得到社会和家长的肯定,是老百姓家门口的一所好学校。

学生在校园里有足够的场地进行科学、人文的探究和拓展,校园生活充满着学科学习的严谨和艺术人文的熏陶,也能够在探究和验证的活动中伸展个性,激发创新,感受快乐。近年来,学校先后荣获"上海市安全文明校园"称号、虹口区文明单位、虹口区教育系统"三八红旗集体"、虹口区教育系统行风建设优良单位、虹口区未成年人保护工作先进集体、虹口区第十一届教育科研工作先进集

---

① 裴蕾丝,尚俊杰.回归教育本质:教育游戏思想的萌芽与发展脉络[J].全球教育展望,2019(8):37 - 52.

② 夏德清.论教育与社会的关系[J].华中师范大学学报(人文社会科学版),1986(5):116 - 122.

③ 吴航.游戏与教育——兼论教育的游戏性[D].武汉:华中师范大学,2001.

体、虹口区教育系统校本培训评比二等奖、虹口区行为规范教育"三星"示范校、全国"指南针计划"上海市虹口区实验学校、上海市中小学心理辅导协会实验校、西部教师培训基地等荣誉称号，多项科研课题获市、区教育科研等级奖。学校有多位教师获得上海市"三八红旗手"、上海市园丁奖、虹口区园丁奖、虹口区"十佳青年教师"等荣誉称号；学校有教师参与上海市"双名工程"学习，有教师成为虹口区学科带头人，还有多名教师获得虹口区中小幼课堂教学评比一、二、三等奖，虹口区中小幼课堂教学单项技能评比一、二、三等奖，科研论文评比一、二、三等奖。

　　梳理四川北路第一小学的发展历史，可以清晰地感觉到，学校特别注重基于教师行动的学科教学创新，注重通过科研的引领实现教师教学理念与行为的不断转型重构，也正是在这种充分的重视之中，学校不断在教学科研上取得新的成果，不断生成着教学改革和人才培养的校本化经验。近几年，学校以数学学科为突破，尝试将游戏化的理念引入学科教学之中，依托益智类学具的开发，通过拓展型课程的创造性设计与实施，走出了一条旨在提升教学趣味性和有效性的独特道路。既有效拓展了学科的育人价值，让"立德树人"的教育根本任务有了更加丰富的落实载体，也促进了学生的全面发展与教师的专业成长，打造了一条适应新时代教育改革发展的学校特色教学品牌塑造之路。本书所要呈现的，就是学校在开展益智类学具游戏化拓展型课程开发与实践中的思考与行动。

第一章　缘　起

近年来,在教育改革重心逐渐下移的过程中,随着"科研强校""教师成为研究者"等命题的提出,我国教育事业取得了前所未有的成就,教育研究自然也呈现出"繁荣昌盛",投入的经费、优质期刊数量、学者数量、研究机构数量以及发表论文数量都在快速增长。但我们也发现,学界对教育研究质量方面的反思、抱怨从未停止过,甚至有研究者明确提出,我国的教育研究并未因研究成果的繁盛获得自身的"解放"而走向"自为",我国教育研究中寻找自我的研究观念并未因时代的变革而逐渐清晰,反而使为摆脱"迷惘"的困境的努力变得愈加深重起来[①],基层教育改革发展过程中的很多问题并没有在研究成果的指导下得到很好的解决。

导致教育研究成效低下的原因是多方面的,其中理论与实践的割裂是根本性的。从某种程度上说,教育学绝不是用来"坐而论道"的,从一开始它就有实用目的。教育学绝不是无视教育问题,教育问题之解决需要教育学的独创知识。从行动角度看,教育问题只能是从教者自己定义,并且只能依赖从教者去解决[②],而要实现这一目标,就要很好地关照到教育研究的实践属性,通过基于实践的研究弥补理论和实践的裂痕,在实践的变革中实现教育研究的真正价值。从本质上看,教育研究是一种理性活动,理性既指人的行为能力,即形成概念、进行判断、分析、综合、比较、推理等的能力,也是思维着的主体对外部存在的观念性掌握,对人的行为具有指导作用。理性分为理论理性和实践理性,教育研究是理论理性和实践理性的统一。因此,在理性层面,教育研究不仅探寻"是什么"的问题,对纷繁复杂的教育现象存在的状况、内在结构、本质和发展规律进行认识,建构"真"的知识,还要回答"应如何"和"怎么做"的问题,在观念的指引下,合理地建构教育活动,并预设其结果。当下,教育研究与实践问题的冲突将"实践理性"

① 王兆璟.论有意义的教育研究[J].教育研究,2008(7):39-43.
② 杨开城.教育研究的庸乱根由与出路[J].现代远程教育研究,2018(1):24-30.

凸显出来,要求我们在理性的建构中更为关注实践理性,以满足教育实践对教育研究的渴求,并以此为突破口,提高教育研究质量,提升教育实践品质[①]。

教育研究对于实践的关照不能停留在口头上和观念中,要体现于研究选题和设计的全过程。对于一项教育研究活动而言,选题是首要的工作,选题科学与否在很大程度上决定了研究的方向和整体质量。对于一线学校和教师而言,他们有着与实践密切关联的先天优势,因而在确定研究选题的过程中他们理所当然地应该重点关注实践领域的内容,"深入研究选题创新的特点,掌握将教育教学实践资源提炼为有价值的选题的策略,才能寻找到有价值的选题,写出高质量、易发表的教育科研论文"[②],也才能更好地发挥教育研究指导和改进教育实践的初衷。

值得注意的是,对于一线学校而言,选题是否具有实践性这仅仅是研究科学性的一个基础性保障。任何的教育变革行为都无法与其存在的现实环境相割裂,都必然发生在一定的现实时空环境中,从这个角度出发,确定研究的选题,一方面要顾及其实践价值,另一方面也要看其是否与教育变革和学校发展的实际需求相适应,这实际上就是研究的背景分析问题。这也就意味着,对于小学数学"益智学具"游戏化拓展型课程的研究而言,我们既要关注这一研究对于改进小学数学教学的实践价值,也要关注这一研究背后所隐含的教育理念、育人思想等与当下教育发展、课程教学变革的契合之处,只有真正满足了上述两个方面的价值与诉求,这一研究才具备了法理上的可行性,才有了开展研究的现实必要性。

第一节　对数学学科教学有效性问题的分析

学科教学是学校育人的基本载体,也是学校层面教育研究活动应该关注的首要内容。"学科教学"不是自然现象,而是一种同时代、社会、文化息息相关的人类社会现象。进一步说,作为学校核心教育活动的"学科教学"是借助师生的互动而形成的兼具科学性和艺术性的一种创造性活动[③]。从某种程度上说,学校教育中并不存在与任何学科都无关的抽象"教学实践",有的只是以各具体学科为主要存在形式的教学实践[④]。因此,学科教学不仅应该是教学论研究的主要问

---

① 李太平,刘燕楠.教育研究的转向:从理论理性到实践理性[J].教育研究,2014(3):4-10,74.

② 钟建林.中小学教育科研选题价值提升路径研究[J].教育学术月刊,2019(4):63-69.

③ 钟启泉.学科教学的发展及其课题:把握"学科素养"的一个视角[J].全球教育展望,2017(1):11-23,46.

④ 陈勇.走进学科教学:教学论研究的应然路向[J].中国教育学刊,2017(3):40-44,88.

题,也应该是学校课程与教学改革关注的焦点。

一、有效的教学是数学学科价值实现的内在要求

任何教学都是一种教育,都是价值教育,教学失去教育、失去价值教育都不是真正的教学。学科教学承载着重要的育人功能,教师对学科性质与价值的认识、对教育本质的认识决定其育人观及教学实践行为,教师思想认识水平的不断提升决定其教学能力水平、决定其课堂教学育人的质量和水平[①]。数学作为基础学科之一,除了学科内容本身的价值之外,还应该被赋予更为广阔的育人价值,实现学科本体价值与育人价值的有机统一,这既是新课程改革赋予数学学科教学的神圣使命,也是"立德树人"教育改革发展宏观背景下学科教学的必然选择。

从学科属性上看,数学课程应致力于实现义务教育阶段的培养目标,面向全体学生,适应学生个性发展的需要,使得人人都能获得良好的数学教育,不同的人在数学上得到不同的发展。课程改革走到今天,已经越来越清楚地表明,课改的基本出发点是以发展学生为本,而要做到这一点,就要求我们数学教师的课堂教学活动必须是有效的。换句话说,学生通过数学课堂教学活动,在数学上有提高,有进步,有收获;在认知上,从不懂到懂,从不会到会,从少知到多知;在情感上,从不喜欢到喜欢,从不感兴趣到感兴趣。数学课堂教学的有效性既要关注学生当前发展,还要关注学生的未来发展,可持续发展。因此,学生是否有进步或是否有发展是衡量数学课堂教学有效性的主要标准。其内容包括知识技能、情感态度、价值观的和谐统一,其核心是看学生是否愿意学、能否主动学以及怎么学、会不会学等。具体看是否能促进学生主动参与学习;能否强化学生在学习中的体验;能否激发学生独立思考和自主探索;能否鼓励学生的合作交流[②]。

从学科育人价值的发挥上看,知识的传承与数学信息的积淀仅仅是学科教学的一部分价值,在"三全育人"的时代背景下,数学学科的学科价值面临着进一步扩展的使命。数学学科的发展积淀了数学的思想和思维方法,数学的精神和品质,数学的文化和价值,它们应该也必将体现在数学教育的各个层面,滋养学生生动活泼、全面而有个性地成长。为此,从学科教学改进的角度看,有效的数学课堂教学对教师的思想和行为提出了新的要求与表征。

首先,教师要做到心中有学生,树立"育人"这根弦。从某种程度上说,教师在哪里,育人工作就应该体现在哪里。教师要多关注并读懂学生的学习需求和

① 刘加霞,王秀梅.读懂学科育人价值,提升教师学科育人能力[J].中小学管理,2019(10):37-39.
② 周芝峰.谈新课标下数学教学的有效性[J].福建论坛(人文社会科学版),2012(13):115-116.

心理感受；要以全面育人的视角来分析教学内容，深入思考和挖掘教学内容所承载的教育价值；要善待、等待和期待学生，及时捕捉并利用教育教学中的育人资源；要加强自我修养，用自己的言谈举止去影响学生。

其次，教师要引导学生经历数学知识发生、发展和应用的全过程。学科育人是让学生像学科专家那样思考解决问题。课堂上，教师应认真对学科活动进行设计，让学生经历学科活动全过程，在这个活动过程中形成相应的思维方式，花时间引导学生深入理解若干关键概念及相互之间的关系，体验相关思维方式。比如，对学生逻辑推理能力的培养，需要教师鼓励学生经历"获得数学猜想—验证猜想"的全过程，为此教师要鼓励学生通过观察、操作、归纳、类比等活动得到新的猜想，同时验证自己猜想的正确性，说明理由并做到言之有据。

再次，教师要激发学生的好奇心和求知欲，鼓励学生深入探索和思考。在数学教学中，教师应通过创设情境激发学生的好奇心和求知欲，鼓励学生进行独立思考和分享交流，在此过程中将学生"原始"的好奇上升为"理智"的好奇。比如，对于平行四边形面积如何计算的问题，教师可先激发学生深入探索，让学生自己尝试"割补"并调动已学三角形面积公式的旧知，这样在和同伴归纳的基础上，思维的碰撞就出现了，学生的学习积极性也就充分地调动起来了。

最后，教师要具备数学育人的眼光，主动挖掘身边的育人资源。在数学教学中，教师要有意识地寻找、选择、创设适合儿童学习的素材，有效拓展学科育人资源。只要拥有了数学育人的眼光，那么不仅仅是在数学教材中，在我们的传统文化、现实社会生活中，都可能发现其中蕴含着的丰富的育人资源[1]，教师要通过科学的遴选和设计将这些资源有效纳入课堂教学之中，让学生在真实性或者仿真性问题的思考与解决中体会数学思想，拓展数学思维，最终达成运用数学知识解决实际问题的综合能力。

上述四个维度体现了数学学科育人价值挖掘的有效路径，也表明了当前时代背景下数学有效教学的重要判断标准。如何依据这些标准和要求，通过合适的载体切实提升数学学科教学的有效性，充分发挥数学学科的育人价值，已经成为当前课程与教学改革过程中学校普遍关注的重要问题。

二、学具的运用是数学教学成效提升的可行方式

学具是教学过程中通过辅助教与学活动，为学生提供感知材料的实物、模型、图表等教学用具，其涵盖了目前使用的教学仪器设备、教育装备、教育技术装

---

① 张丹,王彦伟.数学学科育人指向：用数学思想和理性精神滋养学生[J].中小学管理,2019(11):9 - 11.

备、教学工具等。梳理近年来的学科教学改革,世界各国都普遍重视利用学具来提升课堂教学的有效性。在这一领域之中,已经形成了两个方面的普遍共识。

第一,学具的运用,对于课堂教学和人才培养的改进具有多维度价值。以数学学科为例,学具的运用,首先能够激发学生的学习兴趣。学习兴趣是小学生学习的主要动力,小学数学知识较为枯燥,如果缺乏有效的教学方法,不利于学生学习兴趣的提升。而数学学具的使用,可以增强教学活动的趣味性,让学生在自主操作当中体会到数学的魅力,激发其学习的积极性和主动性。其次,数学学具可以促进学生形象思维与抽象思维的发展。在小学数学学习当中,必须借助形象思维和抽象思维,而学具的合理运用,可以促进两种思维方法与模式的有效融合,使学生在形象思维下进行记忆,在抽象思维下进行理解,提升学习效率。再次,学具能够促进学生动手操作能力的提升。在传统教学模式下,学生往往依靠理论知识开展学习。而学具的使用,则可以帮助学生实现动手能力与动脑能力的协同发展,在实践当中加深对知识的记忆和理解,这是促进学生全面发展的关键。最后,学具能够促进学生主体意识的增强。在如今的教学当中,教师应该凸显学生的主体地位,使其运用学具自主探究知识内容,转变传统教学模式下学生被动接受知识的局面①。

第二,学具的运用,需要教师进行针对性的设计和思考,需要根据学科教学的内容和特点有目的、有指向性地开展。如,有数学教师结合自身的实践经验指出,数学学科中学具的运用可以参照如下策略。首先,在数学概念教学中凸显学具魅力。心理学研究表明,儿童认知规律是"感知—表象—概念"。学生数学认知结构的形成必须依赖学生的实践活动,而操作学具能让学生看得见、摸得着,变被动地听为主动地学,充分调动学生的各种感官参与教学活动,使数学抽象知识变成有源之水,有本之木,从而建立科学的数学概念。其次,在学生口语表达中凸显学具魅力。语言与思维密切相关,培养学生运用准确的数学语言表达思考的过程和结果,既可以使知识得到内化,又可以促进学生思维的发展。动手操作为发展学生的语言、培养学生的表达能力提供了丰富的题材。再次,在发展学生思维中凸显学具魅力。《义务教育数学课程标准(2011 年版)》积极倡导动手操作,由教师带领学生借助操作活动进行数学思考,凭借想象和推理完成建模过程,保证课堂操作达到精致化。将引导学生动脑思考,作为高效操作的"航标明灯";将手脑结合,作为高效操作的有力保证。最后,在学生创新意识培养中凸显学具魅力。数学教学不应该只是一些刻板知识的讲授,而应该是通过丰富的数

① 石爱琴.刍议数学学具在小学数学课堂教学中的应用[J].学周刊,2020(20):103-104.

学活动来激发学生数学学习的兴趣。教材中为学生提供了许多实践操作的机会，教师要重视学生的实践操作，给他们充分的时间和空间去尝试探索，让他们在自主活动中自己发现解决问题的策略，让他们在数学王国中自由翱翔，培养其创新精神和创新意识[①]。

基于上述分析，数学学科中有效运用学具有助于提升学科教学的有效性，进而能够在更高层面上彰显学科教学的价值，这已经成为一种共识。当下需要进一步研究和讨论的是，如何通过有效的方式呈现和运用学具。借助本书绪言部分的梳理，我们认为，通过游戏化的方式呈现和运用学具，是一种既符合教育改革发展现实需要，又能够很好地契合小学生知识学习特点规律的有效教育方式。正如本书前文所言，游戏不仅是一种重要的教育方式，其本身也是一种重要的教育内容，当前，如何正确认识和发挥游戏的教育价值也已经成为教育研究的热点问题。美国罗切斯特大学脑认知科学系教授 Daphne Bavelier 通过研究证明了，动作类电子游戏可能反而可以提高大脑的认知能力；斯坦福大学 Kesler 教授通过研究证明，游戏化学习对提升特纳综合征患者数学能力（计算能力、数字常识、计算速度、认知灵活性、视觉空间处理能力）的作用显著，并且脑活动模式也会发生较大改变[②]，这一切都蕴含着打破传统思维的客观必要性，蕴含着游戏作为一种教育的内容和方式正在呈现出其积极的时代价值。

由此可以认为，作为重要的教学要素，数学学具的有效运用，有助于学生通过操作、观察，顺利实现由形象思维向抽象思维的过渡，从而更好地达到数学教育的学科目标。因此，纵观近年来的小学数学教学改革，学具的有效设计和运用始终是一个重要的研究领域。值得一提的是，数学学具的发展变化特点是反映数学教学及数学课程发展变化的重要线索，也反映出课程观、教学观、学习观以及技术进步对教学的影响，有必要在数学学科教与学改革的整体视域下重新审视和思考数学学具的运用，通过游戏化的载体和方式，让学具更好地服务教学，让学科的综合育人价值在学具的承载下更好地实现。这种基于游戏方式的学具运用拓展型课程研究，正是将这一设想变成实践的具体行动，既具有学科教学变革的教育本体价值，也具有生成新的教育行动经验的研究价值。

---

① 陆海进.浅谈数学学具在小学数学教学中运用的魅力[J].基础教育论坛,2020(10):11-12.

② Kesler S R, Sheau K, Koovakkattu D et al. Changes in Frontal-parietal Activation and Math Skills Performance Following Adaptive Number Sense Training: Preliminary Results from a Pilot Study [J]. Neuropsychological Rehabilitation,2011(4):433-454.

第二节 对教育改革中学生核心素养的培育

聚焦当下的基础教育改革,培养学生的核心素养越来越成为改革的重要价值指向,核心素养不仅提供了学校人才培养的目标和框架,也同样呈现了一种课程与教学改革的趋势。在核心素养的导向下,学生学科能力和素养的培育成为教育改革与发展的关注热点,坚持能力为重,优化知识结构,丰富实践体验,强化能力培养,着力提升学生的学习能力、实践能力和创新能力,成为教育改革的应然追求。在这样的宏观背景下,数学教育工作者们也开始将目光聚焦到"数学核心素养"及其在教学中的体现上,关注如何通过系统性的教学理念与路径创新让学科教学承担起培养学生学科素养、核心素养的价值与功能。

一、培养学生的核心素养是当前教育改革的重要取向

纵观人类社会的发展历史,教育的变革一直是推动社会发展的重要力量。在教育的变革中,人才的培养始终是关键领域,课程与教学的变革始终是重要环节。

全球化、信息化、知识经济的时代变革对世界各国教育的发展提出了挑战,面对这个日新月异、复杂多变的社会,究竟应该"培养什么样的人"成为摆在各国教育面前的时代难题。自 20 世纪 90 年代以来,特别是经济合作与发展组织(OECD)启动"素养的界定与遴选"项目以来,"许多国家与地区、国际组织都把核心素养视为课程设计的 DNA,努力研制基于核心素养的教育或课程标准,期望在核心素养统领下以教育或课程标准为抓手发动教育改革",在这一过程中尤其以经济合作与发展组织(OECD)、欧盟(EU)和联合国教科文组织(UNESCO)的研究最具代表性(参见表 1-1)。这其中的原因,除了时代变革的背景,与核心素养的当代内涵与价值也是分不开的。尽管各国际组织和各国政府对"核心素养"的具体表述存在差异,但其本质内涵具有一致性,都强调核心素养是一个人适应终身发展和社会发展所需要的、关键的知识、能力、态度等的集合,认为核心素养强调全人理念,具有动态性、发展性和开放性,能够适应多变复杂的情境。核心素养成为当今教育领域备受关注的焦点,许多国际组织和国家都相继加入了研制本国核心素养框架的队伍中。2016 年,在充分借鉴国际经验及深入的本土研究之后,我国也正式公布了《中国学生发展核心素养》,这些素养为适应终身发展和社会发展而培养,涵盖文化基础、自主发展和社会参与 3 大方面,包括人文底蕴、科学精神、学会学习、健康生活、责任担当和实践创新 6 大素养,继而细

化为 18 个要点①。可以说核心素养的研究成果代表了目前教育领域对于未来社会和教育应该培养什么样的人的共识。对于教育变革来说，如何落实学生发展核心素养成为紧迫的任务。学生发展核心素养是育人目标，而要实现这一目标，必须进行必要的课程变革。如何基于学生核心素养培养的需要，开展指向核心素养的课程变革，已经成为当下教育改革的重要理念与路径选择。

表 1-1 三大国际组织核心素养框架的指标分类

方面	维度	指标	指标描述	国际组织		
				OECD	EU	UNESCO
全面发展	品德素养	公民意识	具有行使公民权利的能力、道德判断和社会正义伦理的观念，懂得保护权利和利益	√	√	√
		尊重与包容	尊重、接纳、理解和关爱他人，具有同情心，能够理解、尊重和包容人与事物的差异性和多样性	√	√	√
		环境意识与可持续发展思维	能够关心、理解自然与生态环境，具有可持续发展的未来观，理解未来社会是建立在生态、经济、社会文化可持续发展基础上的，具有环保与节约精神			√
全面发展	学习素养	数学素养	能够理解数学概念，运用数学知识和数学思维解决日常生活中的各种问题	√	√	√
		科学素养	具有科学精神，掌握科学知识，运用科学知识，确定问题和做出具有证据的结论	√	√	√

① 牛瑞雪.基于学生发展核心素养的课程整合与创生[J].当代教育科学,2018(2):86-88.

（续表）

方面	维度	指标	指标描述	国际组织		
				OECD	EU	UNESCO
全面发展	学习素养	母语能力	通过听、说、读、写等形式,运用母语进行理解、表达、解释、互动等方面的能力,尤其是语言综合运用能力	√	√	√
		外语能力	有效运用外语进行交流、阅读和写作的能力	√	√	
		学会学习	个人根据自身需要独立或与小组合作开展和组织自身学习的能力以及方法与机会意识	√	√	√
	身心素养	身体健康	具有健康的生活态度、生活方式和行为习惯,保持身体健康发展。具有安全意识,爱护自己			√
		心理健康（自我管理）	自尊自爱,积极主动,能够恰当地管理自己的情绪和行为,养成自律、自省的习惯;能够坚强面对挫折,具有积极的情感体验	√	√	√
	审美素养	审美素养	能欣赏与享受艺术作品及表演,并借助与个人天赋相一致的手段来表现自己的艺术才华,愿意通过艺术上的自我表达和对文化生活的持续兴趣来培养审美能力		√	√
21世纪素养	非认知品质	沟通与交流能力	能够有效地与他人进行沟通与交流,与他人建立良好的关系	√	√	√
		团队合作能力	能够与团队合作以完成共同目标,能够有效地管理与解决冲突	√	√	√
		国际意识与全球化思维	能够积极理解和欣赏世界各地的历史文化;能够以开放的、多维的思维方式看待世界,具有全球视野		√	

（续表）

方面	维度	指标	指标描述	国际组织		
				OECD	EU	UNESCO
21世纪素养	认知品质	问题解决能力	合理地思考和分析问题,有效地按照问题解决步骤处理和解决问题	√	√	√
		计划、组织与实施能力	在复杂的大环境中,基于目标进行规划与组织,并严格执行	√	√	
		批判性思维	能够对各种问题、现象等进行反思和质疑,发现问题所在,具有批判精神和批判技能	√	√	√
		创新素养	具有主动进取的探索精神和好奇心,能够提出和实施新的想法,具有创新和冒险精神	√	√	√
		信息素养	能够运用信息通信技术有效地获取信息、分析评估信息、应用信息等;遵循信息获取和使用的道德或法律规范	√	√	√

从核心素养的视角审视课程变革,可以认为,核心素养不只是课程目标,还是一种崭新的课程观。作为一种课程观,"素养本位课程"意味着:在价值观上,它追求21世纪信息时代的新型教育民主,这种教育民主不只是"数量上的民主",即满足于形式上提供"均等"的教育机会,更是"质量上的民主",即为每一个学生提供高质量且适应其个性化选择的教育机会。无论是教育过程还是结果,既关注每一个学生个性发展的独特性,尊重其个性选择的自由,又强调学生借助包括信息技术手段在内的各种工具与多元化、异质化的群体或个体自由互动和交往,是信息时代新型教育民主的基本内涵。在知识观上,它把学科知识的本质特性理解为批判性、假设性与实践性。各类学科知识不是被学生接受、储存和内化的"客观真理",而是被学生质疑、批判和在真实情境中应用的对象。学科知识原本是"批判性思维"的产物和在特定情境中"解决问题"的结果。以培养"批判性思维""问题解决能力"等核心素养为目标的课程必须把学科知识的批判性、假设性和实践性置于首位。在方法论上,它把教师和学生真实的探究、发明和创造视为基本教学方法。试图省掉探究过程,直接把学科结论告诉学生的教学方法,可能在单位时间里"高效"传授了知识,也可能大规模"生产"了知识技能的熟练

者,却无法培养出以创造能力和交往合作能力为核心的"高素养者"①。

基于核心素养的课程体系改革既是国际社会课程发展的趋势,也是新时期我国课程实践的时代要求。2014 年,我国颁布了《关于全面深化课程改革落实立德树人根本任务的意见》的文件,指出"研究制订学生发展核心素养体系和学业质量标准……提出各学段学生发展核心素养体系,明确学生应具备的适应终身发展和社会发展需要的必备品格和关键能力……依据学生发展核心素养体系,进一步明确各学段、各学科具体的育人目标和任务,完善高校和中小学课程教学有关标准"。该文件的出台表明我国将培养学生核心素养作为落实立德树人根本任务的关键路径,而学生核心素养的落地则主要依赖于学校的课程设计与实施,课程是实现教育育人旨趣的最重要载体,因此研究如何转向以核心素养为基础的课程体系建设具有重要意义。核心素养因其突出强调人在适应终身发展和社会发展过程中所具有的知识、能力、态度等多方面的综合表现,可以说超越了传统的知识技能观,因此,转向以核心素养为基础的课程体系构建意味着课程体系价值取向的转变,"从过去重视教学当中学科知识体系的科学性和完备性,转向重视学生核心能力和素养的生成;从过去重视学生知识结构而忽视学生能力培养,转向促进学生能力提升和全面发展"②。而这一价值取向的转变也必然会引起课程标准、目标、内容、实施、评价等课程体系诸方面的变化。基于核心素养的课程体系创新,指向核心素养培育的课程变革,其基本的工作是探索课程标准、目标、内容、实施、评价等方面如何体现核心素养的内涵和要义,从而进行课程体系的系统设计③,这既是教育顺应时代发展的必然选择,也是更好地推动新课程改革理念向纵深发展的题中之意。

有了核心素养,接下来的问题就是如何落实。如果没有好的实施载体,那么核心素养不过是高高在上的几句口号而已。从理论上来说,核心素养可以通过教育教学的方方面面加以落实。但毫无疑问,课程是核心素养落地的最佳途径。正因如此,核心素养被普遍看作是课程设计的 DNA。从某种程度上说,核心素养可以看作三维目标的升级版,它决定着课程的目标,也影响着课程内容和实施路径的选择。而从对应关系来说,核心素养和课程通常是一对多的关系,即一种核心素养的培养将由多门课程共同承担④,这也就意味着培育学生核心素养不是

---

① 张华.核心素养与我国基础教育课程改革"再出发"[J].华东师范大学学报(教育科学版),2016 (1):7-9.
② 辛涛,姜宇,王烨辉.基于学生核心素养的课程体系建构[J].北京师范大学学报(社会科学版),2014(1):5-11.
③ 解建团,汪明.基于核心素养的课程体系构建[J].当代教育与文化,2016(4):25-29.
④ 魏宁.核心素养:课程改革再出发的起点[J].中小学信息技术教育,2016(2):82.

哪一学科的责任,而是呼唤一场课程领域的系统变革,呼唤基础教育课程改革的"再出发"。在这个过程中,最为重要的是构建我国素养本位的课程与教学新体系。比如,遵循"少而精"的原则选择并重构课程内容,实现课程内容的"素养化"。大力倡导个性化学习与人性化学习,鼓励学生通过深度学习发展批判性思维、问题解决能力和创造性,实现学生学习的"素养化"。大力倡导研究性教学与合作性教学,实现教师教学的"素养化"。积极尝试"真实性评价""档案袋评价"等鼓励学生自由表现和创造性发展的评价理念和方法,实现课程评价的"素养化"[①]。从这个角度出发可以形成如下共识:学生核心素养的培育是当前教育变革和人才培养改革的重要价值取向,这种取向要在学校环境中得到落实,最为关键的是树立起核心素养导向的课程意识,通过教学的变革打造适宜于学生核心素养生成的教学模式,特别是树立起学生的学科素养意识,依托学科教学理念与方式的变革,培养学生学科素养,厚实学生核心素养体系。

二、学具的有效运用是学生学科素养的养成方式

从当前的研究看,对于核心素养的概念界定依然是一个众说纷纭的情态,在这种不同的界定之中,依托学生学科素养的建构来形成完整体系是一个越来越受到重视的领域(见表1-2)。从这一视角出发,任何学科都应该具有核心素养培育的价值,都应该在建构学生核心素养体系的过程中发挥学科教学的应有价值。

表1-2　核心素养内涵界定的分类

界定维度	具体描述
社会需求说	核心素养是个人终身发展、融入主流社会和充分就业所必需的素养集合。是在现代民主社会中为儿童和成人过上有责任感和成功的生活所需要的,同时也是社会应对当前和未来技术变革及全球化挑战所需[②]
综合素养说	是素质教育、三维目标、全面发展、综合素质等蕴含的"关键少数"素养,属于"高级素养"[③]

① 张华.核心素养与我国基础教育课程改革"再出发"[J].华东师范大学学报(教育科学版),2016(2):7-9.

② 褚宏启,张咏梅,田一.我国学生的核心素养及其培育[J].中小学管理,2015(9):4-7.

③ 褚宏启.核心素养的概念与本质[J].华东师范大学学报(教育科学版),2016(1):1-3.

（续表）

界定维度	具体描述
能力素养说	学生的核心素养培育应是从知识向能力、从能力向素养不断提升的发展过程[①]；核心素养是解决复杂问题和适应不可预测情境的高级能力，本质上是"道德创造性"
知识素养说	知识与素养不是对立而是统一的关系。核心素养教育需要回归知识本位，关注学生知识学习的兴趣，转变教学机制，让知识内化为个体的力量[②]
学科素养说	各门学科有不同的学科素养内涵，如地理、数学、化学[③]。学科核心素养包括两个方面：核心素养关照下对学科教育本质的理解、学科素养的结构系统[④]
价值诉求说	核心素养为确定课程内容与编撰教材提供了重要依据，能够引领教师的课堂教学。

　　如果把学生的核心素养体系视作一个同心圆，内核是基础能力，中层是思维能力，最外层则是实践能力。小学生的形象思维能力强抽象思维能力弱，将抽象的数学知识具体化、生活化地纳入他们的知识体系是当下的数学教学研究重点。在传统的课堂教学中，教师往往把精力放在学科知识的传授之上，夯实基础能力，渗透思维能力，是教学普遍的追求。在这样的教学模式下，学生固然能够形成扎实的学科知识体系，但是教学中留给学生实践的时间和空间显得过于单薄，学生真正理解知识、运用知识，特别是将知识与实践相结合的能力往往得不到保障，其学科素养和核心素养的养成也就会大打折扣。

　　数学育人的核心是发展学生的理性思维，因此应把理性思维视为数学素养的核心。学生的理性思维是通过培养数学思考形成，正如波利亚和广大数学教育者共同认为的，"数学教学就是教学生学会思考"。对于不同学段的学生，数学思考应有不同的侧重和展现，进而形成各学段不同的数学核心素养，其中小学阶段的数学核心素养要体现基础性和发展性，着重围绕以下几个方面培养。

　　第一，应用意识。小学阶段从启蒙开始就要教导学生如何应用数学，建立数

① 柳夕浪.从"素质"到"核心素养"：关于"培养什么样的人"的进一步追问[J].教育科学研究，2014
（3）：11－17.
② 周序.核心素养：从知识的放逐到知识的回归[J].课程·教材·教法，2017（2）：61－66.
③ 参见：李红.高中学生地理学科核心素养的构建与培养策略[J].教育探索，2016（5）：29－34；曹培英.从学科核心素养与学科育人价值看数学基本思想[J].课程·教材·教法，2015（9）：40－43，48；林小驹，李跃，沈晓红.高中化学学科核心素养的构成和特点[J].教育导刊，2015（5）：78－81.
④ 梁砾文，王雪梅.学科核心素养的内涵及培养模式[J].外国中小学教育，2017（2）：61－67.

学与生活的联系,这也是小学数学核心素养基础性特征的要求。无论从数学的产生还是从数学的发展来看,数学与现实生活都有着密不可分的关系,小学数学教学应鼓励学生从数学的角度描述客观事物与现象,寻找其中与数学有关的因素,主动运用数学知识和方法解决实际问题。

第二,运算能力。一切数学素养发展的基础是运算,运算能力是人们对于数学学科素养最基础、最本质的要求。在现今教育形势下,没有准确的运算能力奢谈数感、空间观念等其他素养的建立是不现实的。

第三,推理能力。数学是思维的"体操",数学的一个明确任务是提高学生的理性思维能力。推理作为理性思维的基本形式之一,在人们学习和生活中经常用到,但这是零散的。数学的学习能让这种零散的思维得到有效整合,这是数学的教育价值所在。推理中的合情推理、逻辑推理两者相辅相成,在数学问题解决过程中起决定性的作用,在小学要特别重视合情推理能力对学生创造性思维的启迪作用。

第四,几何直观。小学数学核心素养还应包含遴选鉴别的能力,突出表现为小学生遇到疑难问题时选择数学方法的能力。在小学,经常借助的数学方法是几何直观,通过几何的手段,达到直观的目的,实现描述和分析问题的目标。几何直观是数形结合思想的体现,也是对应思想、化归思想等重要的数学思想的反映,对整个数学学习过程起重要的推动作用[1]。

综合而言,在我们看来,小学数学核心素养是指小学生应具备的、能够适应终身发展和社会发展需要的、在数学学习中表现出来的必备品格和关键能力,是关于小学生数学知识、技能、情感态度等多方面要求的综合表现,具有基础性、发展性和实践性的特点。在日常数学教学实践与思考中,我们受到郑毓信先生的关于学科视角下"核心素养"与整合课程的思考启发,将眼光从在数学课堂中"帮助学生学会数学思维(数学家的思维方式)"拓宽到了"在日常思维中通过数学学会思维",即思考"如何引导学生在更宽泛的维度里感受各种数学思想与数学思想方法的普遍意义"。根据小学生心理认知发展的特点,能够让他们产生积极主动行为的首要因素是乐趣,学生在享受乐趣的同时能够潜移默化地增强思考的意识。我们应当积极去发展一些新的整合性学科,特别是运用新的教学辅助手段增强课程的吸引力,增强学生在课堂之中的参与程度,用以补充传统数学课堂中相对单薄的实践的时间和空间,将接触感悟到的数学思维延伸到另一时空中,在实践中进一步深入认识"数学思维",这将对促进学生思维的发展发挥更为积

① 周淑红,王玉文.小学数学核心素养的特质与建构[J].数学教育学报,2017(3):57-61.

极的作用。从这个角度出发,益智学具的运用,能够有效拓展学生的思维意识、思维能力,提升学生的动手实践和团队合作能力,对于学生数学意识和数学思维的培养也有较强价值,因而能够成为积淀学生数学学科素养进而培育学生核心素养的重要方式。

第三节　课程教学改革历史的回顾

持续不断的改革是促进学校内涵发展的基础和保障。当前,从总体上看,推进我国各级各类学校教育改革与发展有多种方式。有政府推动教育改革的行政主导式;有学校自主进行改革的学校自发式,其中包括校长领导全校的改革、教师自主研究学生开展的改革;还有学者到学校中去,与校长、教师和学生共同研究,改进和推动学校教育改革与发展的学者助推式。在这三种方式中,政府推动的行政主导式的长处在于政府具有行政权、财权、人事权及评价权等,有利于发挥政府在教育改革中的主导作用,使政府在推动教育改革中处于比较有力与有利的地位;学校自发式的长处在于,其一般是针对学校自身的需要和问题而进行的,学校对这种改革比较主动且积极性较高[1];学者助推式,有助于提升学校变革的理论指导,在较短时期内提升学校的知名度和办学水平。

然而,毋庸置疑的是,学校的变革与学生的成长有着天然的内在联系,"把儿童发展与教育改革联系起来,是一个时代性的问题"[2],是关乎学校改革发展核心价值指向的根本性问题。从教育改革之于学生成长的内在价值出发,不论我们采用怎样的变革,都应该坚持课程与教学的主体地位,都应该坚守教育指向学生生命成长的基本立场,即通过课程与教学的持续性改进,为学生全面发展奠定基础,为学校人才培养目标的最终实现提供保障。

一、近年来的育人改革探索

近年来,四川北路第一小学在各级领导的亲切关怀和指导下,与时俱进、开拓创新、团结进取、奋力拼搏,认真贯彻落实习近平新时代中国特色社会主义思想,贯彻执行党的十九大精神,贯彻落实全国教育大会、上海教育大会精神,以全面提高教育教学质量为宗旨,加强领导班子和教师队伍建设,认真落实德育工作首要地位,狠抓学校德育和校园美化净化工作,优化育人环境,促进学校精神文

---

① 孙绵涛.内引发展式:学校改革发展的内在诉求[J].中国教育学刊,2016(12):1-4.
② 叶澜.深化儿童发展与学校改革的关系研究[J].中国教育学刊,2018(5):1.

明建设，各项工作齐头并进，取得了可喜的成绩。特别是围绕人才培养的变革做出了一系列尝试和创新，有效保障了学校人才培养目标的落实。

（一）实施"融合教育"，促进每个学生健康快乐成长

1. 思想共识，创新理念

学校积极倡导多元"融合"的工作模式，使德育与学科教学融合，与环境育人整合，与实践活动组合，与学生生活契合，与家庭社会结合，充分挖掘学科德育元素，利用环境育人价值，感悟实践体验魅力，认识生活德育意义，充分借助"三位一体"合力，形成了"全员、全程、全方位"的育人新格局。

2. 完善机制，规范管理

为了增强学校德育工作的校本化、系统化和专业化，我们重新梳理了五大职能部门，心理部门、卫生部门、未保部门、特教部门和安全部门的工作职责。五大部门分别安排了参加过区级以上部门上岗培训的相关专、兼职老师负责，部门内部分工明确，制度健全，管理规范，经费保障、奖励到位，各项突发事件的预警机制完善。一旦有需要，五大部门共同联动，及时解决问题。

（二）聚焦核心素养，推进基于课标的教学与评价

稳步推进中高年段语文、数学、外语学科和低年段音乐、体育、美术、科技学科"基于课程标准的评价"探索。各教研组以论坛形式，在全体教师会议上，展示学科研讨成果，全员参与，围绕"促进教学的评价"进行经验交流。

（三）传承优秀文化，培养学生良好道德行为习惯

川一以上海市立项课题"基于优秀传统文化的学生道德好习惯培育的实践研究"作为推进"文化三立"的重要抓手，通过中国传统文化的学习实践，探索"十二个道德好习惯"养成教育。内容涵盖学习、生活、行为等多个方面，涉及学生在家庭、学校、社会中应遵守的基本道德规范。

川一开展"基于中华优秀传统文化的学生道德好习惯培育的实践研究"，完成学生和家长的好习惯调查问卷并进行分析，落实"十二个道德好习惯""感恩伴我行""校本读本进课堂"的工作，开展"传统文化学堂"的教学体验，通过"古句析意""儿歌诵读""常礼举要"等各种形式，对学生进行教育和训练，并进行相关的诵读比赛以及行为规范的评比，使学校行规教育课有内容、有方法、有实效。同时完成了虹口区班主任专项课题"学生习惯的培养"和"促进教师发展提高教学有效性"的研究。

（四）坚持德育创新，形成全员全程全方位育人格局

川一在班集体建设中，创建"温馨教室"，要求班级公约、班风、学风上墙，队部小家务"一人一岗"，卫生角、图书角、植物角、荣誉栏等有专人负责，责任到位。

在"十二个道德好习惯"拓展型课程实施中,着力培养学生"文明素养、规则意识、感恩情意"。同时通过开展行规争章、"学习运动会"等活动,强化学生规则意识,养成良好行为习惯。

丰富多彩的活动鼓励学生在参与活动中感悟真实的生命——懂得感恩,夯实做人的基石——懂得善良,遵循生活的准则——懂得诚实,把握成功的前提——懂得合作,使广大学生在活动中经受锻炼、获得教育、增长知识、发展能力。

二、近年学具运用尝试

2016年初,川一从北京凌伊动力教育科技有限公司引进了一批"益智学具",益智学具也叫益智玩具,该学具源自以色列思维实验室开发的创新教育课程,我们从100多种益智学具中挑选了适合小学生使用的50种,教师通过培训,以"游戏活动"的形式引入学校的拓展型课程学习。在实践中,我们发现学生在运用"益智学具"开展游戏的过程中,动手、动脑、主动探索的欲望强烈,相互合作、共同探讨的行为随时发生,他们享受这种过程,并乐意互相共享经验、互相谦让理解、共同解决问题,这也进一步催生了我们通过益智学具开展课堂教学变革,为培养学生创新实践能力和学科核心素养拓展空间的构想。基于这样的基础,我们希望通过持续性的研究,以"益智学具"的运用为基础,将数学与游戏相结合,形成一门新的课程——"益智游戏",从活动内容的趣味性、活动项目的可操作性、活动过程的探究性和活动本质的思维内涵这四个方面进行分类整理,初步形成拓展型课程学本,通过"益智游戏"让学生在"玩中学、做中学",提升数学核心素养,同时促进教师的发展。

上述分析呈现了小学数学益智学具游戏化拓展型课程开发研究的整体背景,也体现了我们开展研究和思考的初衷。美国教育家霍斯金在《教育与学科规训制度的缘起——意想不到的逆转》一文中提及:"'教育学'不是一门学科,今天,即使是把教育视为一门学科的想法,也会使人感到不安和难堪。'教育学'是一种次等学科……在讨论学科问题的真正学术著作中,你不会找到'教育学'这一项目。"[①]正是因为教育学科专业性质的模糊,使得教育几乎成了一个人人可以涉足的领域,除了教育行政人员、教育研究机构人员、高校教育专家、教育类相关专业研究生、教师等业内人员,其他的社会主体也在不断地以不同的形式参与到教育研究活动之中,教育研究的主体呈现出复杂多元的基本特征,教育学科存在

---

① 华勒斯坦,等.学科·知识·权力[M].刘健芝,等编译.北京:生活·读书·新知三联书店,1999.

迷失自我、学术缺位的不良状况。在这样一种复杂甚至迷失的环境中，一线学校和一线教师应该开展怎样的研究确实值得思考。经过上述三个维度的反思，我认为，小学数学益智学具游戏化拓展型课程的开发是一项符合学校、一线教师实际需求的、有价值的研究，因为其在选题的设计和研究思路的确定上呈现出如下鲜明的特征。

第一，彰显了学校和一线教师开展研究的实践属性。应该意识到教育研究本身所蕴含的实践本性。教育研究本质上是一种实践性的社会活动，教育的生活世界是教育研究的家，是教育研究的生命所在，应该在教育研究中达成基于这一实践本性基础之上的实践理性。由此，彰显实践属性理应成为未来教育研究发展的趋势。特别是一线教师，其工作性质、成长环境和个性品质决定了其教育研究活动的对象应该是教育教学情境中的现实问题，目的不是为了丰富教育教学理论，而是为了解决教育教学实践中遇到的具体问题，寻找有效的问题解决方案或措施。教师的工作对象是具有主观能动性的智慧人，因而教师的工作虽有教育规律指导但又无具体规则可循，教师不能像技术工人那样按既定规则进行教学，而需要在不断研究教育教学与人及社会发展之间的关系中开展教学工作。教师成为研究者，从根本上说，就是要研究怎么使得自己的教育行为更有意义，怎样在自己的学生身上实现教育的意义。因而，针对工作、基于现实的实践属性是教师作为研究者的本质属性。学具运用研究直指小学数学教学中客观存在的现实问题，以培育学生的学科素养和核心素养为导向，探究益智学具如何通过游戏化的方式进入课堂，这是教师关注的实践问题，也是能够切实提升教学成效的问题。

第二，彰显了学校和一线教师开展研究的微观属性。教育研究的内容指向大致可以划分为宏观和微观两个层面，宏观领域的研究需要过硬的理论素养和充足的时间精力保证，微观领域的研究则要求相对较低。对于一线教师来说，一方面从总体上看，他们难以具备教育研究专家那样的理论功底和研究能力，另一方面他们需要从事繁重的课堂教学和班级管理工作，难以保证开展宏观研究的时间和精力。由此，教师的教育科研活动，应该注重从细节入手，从小课题入手，体现研究的微观属性。关注教育教学质量是教师的第一要务，但教师的实际教学和班级管理工作又充满了复杂性和不确定性，很多教学和管理的问题都是以细节的方式呈现的，这些细节的存在很可能会给教育教学质量造成影响，它们理应成为教师开展教育科研活动的抓手和突破点。学具运用研究立足于数学科学教学，尝试通过益智学具的运用提升学科教学的趣味性和有效性，在阶段性积累经验的基础上逐渐向其他学科、其他领域渗透，这是一种符合学校实际情况和教学现实需要的"小切口、渐进式"的研究,能够确保学校和教师投入足够的精力开展研究,并取得理想的成果。

第三,彰显了学校和一线教师开展研究的行动属性。中小学教师的科研活动是贯穿于日常教育教学工作之中的,教师工作的性质决定了其很难有充足的时间进行纯理论的思辨性研究,他们的研究,更多的是发生和立足于自然状态下的课堂教学和管理之中,所采用的研究方法也更多地指向行动研究。或者说,教师是在不断的行动和反思之中发现问题、分析问题和解决问题的,行动属性是教师作为研究者的又一重要属性①。小学数学益智学具游戏化课程的研究,从游戏的设计,到课程的开发,再到相配套的教材、学材的编纂,所依靠的都是一线教师的力量,所呈现的都是一线教师基于课堂教学的行动研究成果,这种密切结合教学实践,充分发挥教师主观能动性的研究范式很好地体现了教师的工作特点,能够把教师基于实践的智慧积累进行充分挖掘与运用。

---

① 刘涛.教师成为研究者:急需澄清的三个问题[J].教育发展研究,2012(12):58-63.

第二章 过 程

从程序上说，一项系统的研究，往往是从文献的梳理开始的。文献研究法也称情报研究、资料研究或文献调查，是指对文献资料检索、搜集、鉴别、整理、分析之后，形成事实科学认识的方法。文献研究法所要解决的主要是如何在浩如烟海的文献资料中选取适用于课题的资料，并对这些资料做出恰当的分析，归纳出有关问题或结论。所以，文献研究法不仅仅指资料收集，更侧重对这些资料的分析。文献研究法是史学、哲学和社会学最常使用的研究方法之一。通过文献资料研究，可以获得新论据，找到新视角、发现新问题、提出新观点、形成新认识。研究文献，可以从前人的研究中获得某种启示、少走弯路、减少盲目性，也可以利用前人的权威观点为自己佐证，使研究增强说服力。

文献研究的价值是多方面的。美国著名未来学家约翰·奈斯比特就是经过12年每个月不间断地阅读几千份的美国地方报纸，逐渐找到了引导美国结构变革的十个新方向，从而写出了《大趋势》这本书。《大趋势》在全世界销售了1400多万册，后经《金融时报》证实，其中的预言几乎都得到了验证。《大趋势》的成功还带来了一个重要的结果，就是其使用的内容分析法，也就是文献研究的方法引起了人们极大的兴趣。

尽管"文献研究"是否可以作为一种独立的研究方法至今在学术界依然存在争议，但是其在学术研究中的重要价值是已经得到共识的。《教育心理学》期刊的编辑居尔·勒温和黑姆·马歇尔认为，如果想要使得自己的研究有实质性的贡献，必须把它建立在该领域充分翔实的知识基础之上。这实际在很大程度上体现了文献研究的重要价值[①]。

对于小学数学益智学具游戏化拓展型课程的建设而言，围绕这一主题可以分解为若干的核心概念，每一个核心概念都有其独特而丰富的研究历程和研究成果体系，对于核心概念的界定以及围绕核心概念开展的相关研究的梳理，是我

---

① 杜晓利.富有生命力的文献研究法[J].上海教育科研,2013(10):1.

们进一步澄清思想认识,明确研究路径的重要选择。

第一节 核心概念的界定

概念是人类在认识过程中,从感性认识上升到理性认识,把所感知的事物的共同本质特点抽象出来,加以概括形成的自我认知意识的一种表达,是人类认知思维体系中最基本的构筑单位。对于一项研究项目的开展而言,核心概念的界定是基础性工作,反映了研究关注的核心问题,也体现着研究者对于这些核心问题的基本认识。

一、以趣促能

知识是情景化、动态化的,学习的过程也是创新的过程,学生是学习、创新的主体。从小学生的学习特点与成长规律看,其知识的获取、能力的提升往往与兴趣的激发密切相关。本书旨在以开发益智学具的游戏化拓展型课程为媒介,营造一种开放、互动、有趣的学习环境,以游戏为趣、以游戏激趣,引导学生在自主体验、探究和实践活动中增长知识和技能,发展创新思维,创新人格,在游戏活动中将数学认知与思维创新相结合,使数学思维、数学思维方法潜移默化地纳入自身的知识体系中。

二、益智学具

通俗地说,学具即教与学过程中师生运用的辅助性工具。根据不同的划分维度,学具可以分为不同的类型。本书中的益智学具是我校"益智游戏"社团活动使用的学具,取自北京凌伊动力教育科技有限公司引进的以色列思维实验室益智教育室的益智教学具。我们从社团活动所使用的 50 种益智学具中精选了 34 种,包含了几何、拓扑、数论、图论、统计、运筹等学科知识。在实际使用中,我们发现,在使用学具的游戏中,学生运用到了与数学学科相关的知识,如数形结合、逆向思维、观察判断、逻辑推理、分析计算等。在游戏活动中,学生通过互相协调、模仿,培养了乐于助人、团结合作的心理品质,提高了他们解决人际矛盾、控制自己的情绪和行为等的能力。这不但促进了学生的智力发展,也促进了他们良好心理素质和意志品质的形成,还促进了他们的社会性发展,即获得正直的人生观和道德观。基于此,我们萌生了以益智学具为主体开发游戏化的拓展型课程,促进学生十大能力(创新能力、交往能力、观察力、领导力、管理力、语言表达力、手眼脑协调能力、逻辑思维能力、分析判断能力、团队协作力)发展的想法。

三、游戏化拓展型课程

从概念上说，拓展型课程开发是指以学校为核心，以校长、教师、学生和家长等为主体进行课程的规划、设计、实施和评价，其主要目的在于增强课程对于地方、学校和学生的适应性。游戏化的拓展型课程即以游戏为载体和内容开发课程。不同于课程游戏化，它是以益智学具为主体开发的拓展型课程，围绕益智学具开发，遵循学生年龄特点，通过动手实践、合作攻关、归纳类比等环节，分层设计形成学材。我们通过聘请学科专家、课程专家、科研专家参与指导，保障其科学性与合理性，在研究和实践中促进教师专业发展。

第二节　相关文献梳理

文献研究作为一种有生命力的研究方法，其存在的价值在于它突出的几个优点。首先，它超越了时间、空间限制。通过对古今中外文献进行分析可以研究非常广泛的社会情况。文献研究法可以帮助我们研究那些年代久远无法再现或接触不到的调查对象，如已作古的教育家、已发生过的教育现象等，这一优点是其他研究方法所不具备的。其次，它具有间接性、无反应性的特点。研究者不与文献中记载的人与事直接接触，研究者与被研究者之间没有任何互动，不会因调查对象不配合而对收集资料产生影响。最后，它的费用较低，效率较高。[①] 文献研究是在前人和他人劳动成果基础上进行的调查，是获取知识的捷径，不需要特殊设备，省时、省钱、效率高。基于这样的优势，着眼于本书的目标假设，我们从以下几个方面对相关研究进行了梳理。

一、关于"益智学具"

国内的相关研究中，我们着重关注了以益智类玩具为载体的教与学用具在课堂教学中的运用情况，特别是拓展型课程建设过程中如何有效运用学具进行课程的整体设计，借以提升学生学科素养培育成效研究。

益智学具也叫益智玩具，原意为谜题，难解之事物。益智玩具指一组完整的物件，由单一或数个零组件构成，其中包含某些可重复操作的机械结构，有助于解题者智能拓展。

我国益智类的玩具古已有之，有环类、扣类、绳类、拼板类、综合类。环类中

---

① 杜晓利.富有生命力的文献研究法[J].上海教育科研,2013(10):1.

名声最大的是起源于宋代的九连环,它包含了极为深奥的数列原理。此外,还有吉祥扣、M扣,迷宫象、高音符,魔力棒、华太郎等,无一不是蕴含着深奥的学科知识,引人入胜。

从国内教育改革的实际情况看,益智类玩具作为一种教学用具在课堂教学中得到了一定的重视和运用。大量研究表明,小学阶段运用益智类的玩具开展教学、实验、探究活动,具有真实、具体、直观、形象的特点,有助于激发学生的学习兴趣和求知欲,有助于学生学习和理解知识重点和难点,有助于学生掌握探究方法和技能,促进教学方法的改革和创新,启发学生的思维和智慧。[①] 特别是对数学学科的教学而言,运用益智类玩具能够帮助学生更好地实现从感性到理性认识的发展,更好地串联具体思维和抽象思维,提高课堂教学的成效。

二、关于"游戏化学习"

"游戏化学习"指在学习过程中采用游戏化的方式,包括教师在教学过程中的教学手段以及学生在自主学习中的学习方式,目的在于让学生在愉快的学习体验中获得知识、技能与态度等。游戏化学习是在教学情境中运用游戏的多种形式开展教学,不是单纯地利用游戏辅助教学,而是将游戏本身作为教学的手段和价值取向;重视的是游戏从宏观层面对学习过程的指导,而不是在微观层面的运用。"游戏化学习"理论指出"游戏"的核心教育价值由浅层到深层分别表现为:游戏动机、游戏思维和游戏精神。

与游戏化学习密切相关的概念是游戏化教学。已有研究主要从内容和目的两方面定义"游戏教学"。就内容而言,游戏教学指教师在课堂教学中,针对具体的教学目标,结合特定教学内容,遵循一定的游戏规则,创设真实可感的教学情景,采用生动有趣的活动形式,组织班级全体学生进行的教学实践活动。就目的而言,游戏教学是在教学中尽可能地将枯燥的语言现象转变为学生乐于接受的、生动的、有趣的游戏形式,旨在为学生创造丰富的交际情景和实践探索环境,从而使学生在玩中学,在学中玩。尽管对游戏教学的具体表述不一,侧重点各异,但是这些研究的共同之处在于,认可游戏教学是娱乐性与教育性的结合。

近年来,随着课程改革的深入,游戏化学习的研究主题越来越丰富,内容越来越详细(见图2-1),其中与本书相关度较大的研究领域和主要观点包括以下几方面。

第一,关于游戏化学习和教育改革的关系研究。目前的研究主要有两种观

---

① 安民勋.用学具开辟学生发展道路[J].课程•教材•教法,2002(6):44-48.

游戏化学习

价值认知	资源设计与开发	应用研究	效果评价	新技术嵌入
理念与信念	学科融合	领域	学习效果	开发
认可与接受度	游戏机制	初等、中等、高等教育	性别	VR、AR、AI
态度与满意度	学习者风格	幼儿、成人、特殊教育	心流体验	多用户虚拟环境
理论体系构建	角色、任务、规则	策略	动机激发与维持	智能导师系统
	界面、交互设计	交互式学习环境	交互性、参与度	研究
	开发模型	合作、协作、问题解决	影响因素	视线追踪技术
	智能化、个性化	创造力等高阶思维培养	游戏学习绩效改进	神经网络分析
		案例	评价方式	
		语言学习、科学教育	参与式、启发式、过程性、激励性评价	
		STEM学科、跨学科研究	评价框架、维度、指标、标准	
		（准）实验研究	可靠性、有效性	

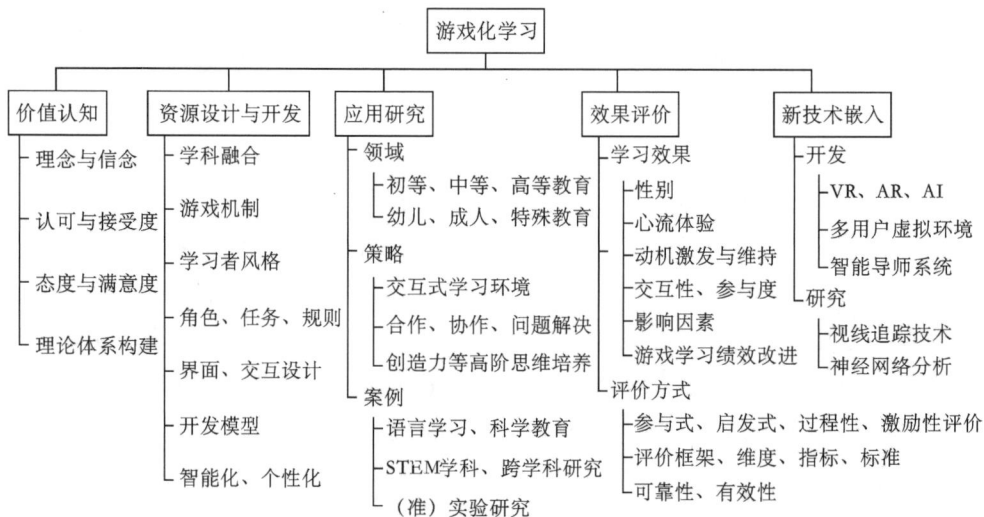

图 2-1　近年来关于游戏化学习的相关研究图谱

点。一种观点认为，游戏是教育的本质之一，本真的教育也是游戏，是教育工作者的本真存在方式。在这种观点看来，游戏是人最本真的存在方式。既然人人都是游戏者，人人都生活在游戏之中，那么，教育本身究其实质只不过是人类多种游戏活动中的一种，我们应该以游戏的态度和精神去办教育，把游戏作为教育的本质和过程；另一种观点更为常见，其核心表达是游戏可以作为教育的内容和手段。教育家克鲁普斯卡娅说过："对于青少年来说，游戏是学习，游戏是劳动，游戏是重要的教育形式。"

　　第二，关于游戏化学习的成效研究。英国科学院研究发现，益智游戏有助于学生多元智能的发展。自 20 世纪 90 年代起，游戏在教育教学之中开始得到比较广泛的运用。在国外，特别是美国，游戏作为一种新型的教育和学习支持工具，越来越受到社会各界的广泛关注。巴拉布通过实证研究认为，游戏，特别是多媒体技术支持的游戏，能够为学生提供一个可尽情探索的模拟世界，有效拉近学习情境和真实情境之间的距离，是支持情境学习的理想工具；莫雷诺等研究者认为游戏化学习可在一定程度上减缓遗忘进程，提升学习过程中记忆的成效；也有研究认为，游戏为学生提供了非限制的问题情境和开放的探索空间，有利于培养学生的创造性思维，提升他们的问题解决能力和协作能力。一项针对国内外 35 项游戏化学习实验报告的定量分析显示：总体来看，游戏化学习对学生学习效果具有较大程度且积极的影响；游戏化学习对学生学习效果的影响不受知识类型、学段等调节变量的影响;游戏化学习方式在不同学科的实验结果中存在差异性。①

第三,游戏化学习与信息技术变革的研究。大量研究指出,游戏化的方式能够有效变革教与学,而信息技术的运用则让这种变革变得更加顺畅。因而,在很多的研究中,游戏化学习被视作信息技术融入教育教学改革的一种方式,成为教育信息技术研究的一个新的问题域。祝士明等认为,教育游戏是国家教育资源公共服务平台建设的内容之一,已经越来越受到人们的重视。游戏化学习就是基于教育游戏而产生的一种新兴的学习模式,旨在将教育游戏融入学习过程之中,促进教育教学活动向以学生为中心的方向转变,有效提高学生的学习动机和学习兴趣,进而达到提高学生学习效果的目的。现阶段,随着游戏化在各个领域所受的关注和应用日益增多,游戏化学习逐渐成为一个独立的研究领域,也成为教育技术领域的一项重要研究课题。目前国内外研究者正积极尝试,从多个方面探讨在新兴技术条件下,游戏化学习的创新应用。新兴技术与游戏技术相结合,既可以创设出复杂、逼真的游戏化学习情境,增强游戏化学习的实时交互性、深度沉浸性,也可以为用户在游戏中获得及时的游戏指导和学习反馈提供便利,从而有效促进学习者进行自主学习,且有助于游戏伙伴之间的任务完成和情感交流。利用智能技术,可以更加深入、细微地窥视、了解学习者在"玩游戏"过程中如何进行学习,其学习受到哪些因素的影响,进而为学习者的高效学习创造条件。

第四,游戏化学习的设计理念与方式研究。研究指出,教师在设计游戏的过程中需要更多地关注学生的学习体验和感受。游戏化学习将转变"以教师为中心"的传统思路,让学生在教学活动中主动地建构自己的知识体系②。在游戏化学习中,不宜将全部的学习内容呈现给学生,易导致学生学习动机降低、学习效果大幅下降。最好将学习内容设计成关卡和任务,以问题为引导,用任务来驱动,让学生主动学习解决问题的方法和技能。通过关卡和任务,将知识点串联形成知识网,从而达到学生自主建构学习环境和知识的效果。有了关卡就一定要有奖励,这种奖励既可以是实体的,也可以是虚拟的。通过这种奖励激发学生的学习兴趣,引导学生继续学习并达成最终的学习目标。③

① 李玉斌、宋金玉、姚巧红.游戏化学习方式对学生学习效果的影响研究——基于35项实验和准实验研究的元分析[J].电化教育研究,2019(11):56-62.

② 张金磊、张宝辉.游戏化学习理念在翻转课堂教学中的应用研究[J].远程教育杂志,2013(1):73-78.

③ 祝士明、王田.游戏化学习环境下的教与学[J].现代教育技术,2017(6):25-30.

第五,游戏化学习或教育活动的评价研究。综合现有的相关研究,游戏化教育教学的评价主要有三种方式:将教学游戏视为软件,以类似信息系统评价的方式,从其可用性、界面友好性和人机交互设计等角度进行测评;对教学效果进行评价,通过追踪学生的情况,分析他们在知识、技能、认知等方面的提高情况;出于简化评价方法的考虑提出教学游戏评价框架,如有研究认为可以从可用性、内容、娱乐性和社会交互等四个方面对教学游戏进行评价。除此之外,有研究者基于实践导向,建构了游戏化学习的评价操作模型。如有研究者提出了游戏化有效性理论,将影响游戏化有效性的因素具化为两个方面、七个因素[1]。叶长青等从教育接受的视角构建了教学游戏评价的三维结构体系[2]。还有观点指出游戏化的效果应该通过游戏评价机制进行判断。然而,这些都只是游戏化评价的概念框架,其实际的评价效果还有待实践的检验。

三、关于"基于益智学具的拓展型课程建设"

教学改革过程中益智类学具的运用与拓展型课程的建设、开发有一定的关联。拓展型课程开发是 20 世纪 70 年代在英、美等发达国家开始受到广泛重视的一种课程开发策略。经过几十年的理论与实践研究,各国各地区在强调教师、学习者在课程开发中起决定作用,并通过拓展型课程促进课程的多样化,从而培养学习者更全面的素养方面,具有一致性,但同时也都注重发挥学校、地区的能动性,打造富有特色的拓展型课程开发路径。

按照钟启泉教授的理解,拓展型课程由学校自行决定。目的是满足学生和社区的发展需要,强调多样性和差异性,学生有选修的权利。一般比较侧重学生兴趣类、学校特色类和乡土类课程。课程开发的主体是教师,通常以选修课的形式出现[3]。也有学者认为,拓展型课程是学校课程体系中的一个重要组成部分。它与国家课程、地方课程共同组成了在学校中实施的"三级课程"的结构。在该研究者看来,拓展型课程顾名思义就是以学校为课程编制主体,自主开发与实施的一种课程,是相对于国家课程与地方课程的一种课程[4]。

从拓展型课程发展的历程来看,它有过权力转移和校本管理的轨迹。

① Amir B, Ralph, P. Proposing A Theory of Gamification Effectiveness[J]. Systems Research,2014(1):60-95.
② 叶长青,王海燕,王萍. 数字化教学游戏三维评价体系架构[J].远程教育杂志,2009(6):71-73,78.
③ 钟启泉,崔允漷,张华.为了中华民族的复兴 为了每位学生的发展——《基础教育课程改革纲要(试行)》解读[M].上海:华东师范大学出版社,2001.
④ 叶澜.课程改革与课程评价[M].北京:教育科学出版社,2001.

Cornbleth 认为:"鼓励校本课程发展,减少中央层次的控制,因其意图为促进教师更大的参与和承诺,鼓励课程适应当地的条件,增加实用的可能性和新课程的有效性。"[①]目前,越来越多学者赞成在权力范围许可之下,学校自发性地开发拓展型课程,从而使之更具价值[②]。

在我国基础教育课程改革的过程中拓展型课程的开发也受到很大重视,众多研究者认为,拓展型课程与国家课程相比,拓展型课程以发展符合学生、学校或者地方特殊需要的课程方案为目标,所有与课程有关系的人士均有参与课程开发的权责,学生有主动建构知识的能力,教师是课程的研究者、开发者和实施者,课程即教育情境与师生互动的过程与结果。从总体趋势来看,目前我国对拓展型课程的研究处于更加火热的时期,各种各样的拓展型课程会随着社会、科技的进步不断发展。社会、教育发展趋于多元化,培养学生适应社会的拓展型课程也会趋于多样化,将会出现遍地开花的繁华景象。目前对拓展型课程的研究将对学生的多元发展产生诸多积极影响[③]。可以预见的是,在教育改革发展的过程中,拓展型课程建设是近年来广泛受到关注的命题,也必将会是教育研究和实践探索持续关注的焦点问题。

在拓展型课程建设的过程中,很多学校也关注到运用益智类学具来开发和设计拓展型课程的价值,但是更多是停留在使用益智学具辅助教学或是单一就某一种游戏开发教学,如山东莘县实验小学益智器具进入课堂的管理模式、北京大兴区第二小学创新思维课程。而网络上很多的教学设计,如七巧板、四巧板与图形面积等,都是以学具为教学辅助,帮助学生理解相对比较抽象的知识。如何从课程建设的整体视角发挥益智类学具的课程价值、教学价值和育人价值,显然还需要更加系统地设计思考。深圳市安保区天骄小学教师为了落实学生数学核心素养,利用"游戏化学习"思想开发了"侦探游戏课程",从数学抽象、逻辑推理、数学模型三方而入手,恰当融入游戏,让学习更具挑战性、吸引力。该校老师开发的侦探游戏课程从学生熟知、感兴趣的生活事例出发,以生活为依托,将一个个数学问题融入破案情景,促进学生的主动参与,焕发出数学课堂的活力。例如,"S 星球逃离计划"是一节六年级关于"问题解决"的复习课。这节课以帮助 S 星球居民逃离作为课程任务背景,要求学生在一个个问题解决的过程中关注线索,整理数据,运用估算、列表、画图、逆推等数学方法破解问题,最终帮助 S 星球完成逃离计划。在告别 S 星球情境中,以给 S 星球居民问题解决"锦囊"的方式

① Cornbleth C. Curriculum in Context[M]. London:The Falmer Press,1990.
② 杨子秋.以校本课程领导促进学校改进之研究[D].上海:华东师范大学,2007.
③ 陈磊."自制物理学具"校本课程的开发与实践[D].成都:四川师范大学,2020.

总结一节课的学习,归纳学习方法[①],实现学生学科素养培养的最终目标。

第三节　启　示

　　文献梳理有助于全面把握当前小学益智类学具拓展型课程开发相关研究的总体情况,为研究后续工作的开展提供整体性的理论支撑。但是,作为一项研究,要取得创新性的成果,必须在对原有研究系统梳理基础上形成自己的思考,这些思考既源于某些既定的理论,又期望通过校本探索实现基于原有理论和实践研究的某种超越。在文献研究的过程中,对游戏化课程开发最具价值的问题是游戏化学习理论和施瓦布实践取向课程理论。

一、游戏化学习理论及其启示

　　游戏化学习理论是指利用游戏化的方式进行学习。在这里,"游戏化"的意思是将游戏"化入"教学和学习之中,游戏本身既是教学手段又是教学的价值取向。

　　教育学是最早进行游戏化研究和实践的领域之一,早在 20 世纪 80 年代,游戏在教育技术和学习中的应用已经引起了学者的关注。Malone 通过对用户使用电脑游戏的动因进行研究,提出了内在动因的概念,这一概念在游戏化领域一直沿用至今[②]。Gee 强调了游戏在认知过程中的作用,以及将游戏应用于学习过程中的潜在可能性,这一观点不仅是游戏化研究领域的经典依据,也指出了游戏化学习的前景[③]。目前,随着各个领域关注和应用的增多,游戏化已经逐渐成为一个独立的研究主题,同时游戏化学习作为游戏化在教育领域的分支而存在。

　　就目前的研究和实践看,实现基于游戏的学习主要有三种模式:①使用已有的商业视频游戏,利用游戏中有教育意义的现存内容;②设计并使用严肃游戏或教育游戏,严肃游戏和教育游戏是一种以学习为主要目标的游戏,在其开发之初就没有进行娱乐目的的设置;③师生自主设计游戏,从而提升学生问题解决能力、编程能力和游戏设计能力[④]。

---

　　① 卢茜.游戏化学习让学习成为探索之旅[J].中国教育学刊,2019(10):107.

　　② Malone T W. What Makes Things Fun to Learn? A Study of Intrinsically Motivating Computer Games[J]. Pipeline,1981(2):50-51.

　　③ Gee J P. What Video Games Have to Teach Us about Learning and Literacy[J]. Computers in Entertainment (CIE),2003(1):20-22.

　　④ 鲍雪莹,赵宇翔.游戏化学习的研究进展及展望[J].电化教育研究,2015(8):45-52.

总体而言,游戏化学习意在将游戏元素融入学习过程中,充分发挥游戏在创设学习情境、激发学习兴趣、维持学习动机、增强学习交互和培养学习者高阶思维能力等方面的作用,旨在优化学习过程和提升学习效果[①]。其核心思想主要体现在两个方面。

第一,"游戏化"意味着游戏具有丰富的表现形式。国内外对"游戏化"的理解主要有两种取向:游戏应用取向和超越游戏取向。游戏应用取向将"游戏化"理解为在某一行为过程中应用完整的、现成的游戏,是一种应用工具解决问题的过程;超越游戏取向则将"游戏化"理解为一种设计的思维或过程,在某一产品或过程设计中引入游戏的元素与机制,是一种脱离工具解决问题的过程。游戏化学习理论中游戏的呈现形式与以往游戏教学中不同,游戏化学习是利用游戏的多种形式开展教学,或在教学情境中运用游戏的要素,而不是单纯地使用实体游戏。

第二,"游戏化"意味着游戏具有丰富的教育价值。游戏之所以被广泛应用于教育教学活动之中,根本原因在于游戏本身蕴含的教育价值,如在提高学生的言语表达能力、合作能力、创新能力以及发展智能等方面有积极作用。"游戏化学习"将游戏的核心教育价值概括为游戏动机、游戏思维和游戏精神,三者由浅入深。游戏动机强调游戏可以激发学习者的学习动机,引发学习兴趣;游戏思维强调教师可以灵活使用游戏元素或游戏机制创设情境,让学习变得有趣,使学习者思维方式发生转变,对学习产生丰富的理解,进而从死记硬背等学习方式中解放出来;游戏精神强调游戏可以促使学习者转变对整个学习过程和结果的认知,让学习者尽可能自愿自由地学习想学的知识,不过于计较得失,从而体验学习的欢乐,培养创造能力,最终促进学习者精神的成长与丰富。游戏的诸多教育价值既蕴藏在游戏化的教学和学习手段之中,也是教学与学习本身追求的目标。

游戏化学习理论对于本书写作的启示如下。其一,游戏化学习是一种有着相应理论支持的特殊类型的学习。丰富优质的游戏化学习资源,是游戏化学习活动开展的前提,也是游戏在教育领域应用的基础。具体学习过程中的游戏化是什么,有哪些合适的游戏特征,如何设计游戏机制,国际游戏化学习领域的研究者们对此进行了深入的探讨,不仅构建了游戏化学习资源设计的概念模型,还设计了内容丰富、形式多样、巧妙且精致的数字游戏。由此,可以认为游戏的类型和载体可以是多样的,应该注重对游戏方式和载体的充分研究和深入探索。

---

① 徐杰,杨文正,李美林,等.国际游戏化学习研究热点透视及对我国的启示与借鉴:基于 Computers & Education(2013—2017)载文分析[J].远程教育杂志,2018(6):73-83.

运用益智学具，开发特色游戏活动，是一种基于游戏化学习理论的有效尝试，在实践中有相应的理论作为支撑，也能够丰富游戏化教育的实施载体，因而具有鲜明的理论和实践价值。其二，游戏化学习在实践中能够实现的人才培养目标是多维度、多层次的，采用益智化学具改变教学的内容和方式，不能局限和满足于课堂趣味性的提升，还要在人才培养的实践中检验其成效，发挥其推动教学变革和人才培养改革的多维度价值。

二、实践取向课程理论及其启示

20 世纪 50 年代末到 60 年代末，施瓦布同布鲁纳等人在美国联合领导了"新课程运动"，即结构主义课程运动。这一课程运动旨在以学术中心课程的开展来弥补原有课程结构的缺陷，解决美国教育落后问题，从而更好地应对现代科学技术的迅猛发展。

传统的课程是以学科为中心的，但是学科中心课程改革运动遭遇挫折之后，施瓦布意识到脱离教育实践与教师的做法对于课程理论改革没有任何益处，需要提出新的，并且切实有效的方法和原理完成课程开发的使命。施瓦布认为泰勒的目标模式课程开发理论存在以下弊端：首先，它以理论为导向，与课程实践相脱离，并不能有效地解决实践过程中的种种疑难；其次，泰勒原理的课程开发模式将广大师生排除在课程开发的过程之外，使得课程的编制与实施相分离；最后，泰勒模式未将课程视作一个动态的实践过程，严重束缚了教师和学习者的主体性的发挥，不利于培养学习者的创造性素养。施瓦布认为课程领域的复兴是一种可以为美国教育质量作出贡献的新能力，基于此，他主张实践取向的课程开发理论。

教育问题从根本上来说即为实践问题。"实践"作为古典政治哲学的主题，在亚里士多德那里已成为政治哲学的关键词，指向政治实践与公民生活[1]。而施瓦布所说的"实践"，是指"一个复杂的领域，亦可称为一个复杂的学科，这一学科涉及选择和行动，它与设计知识的理论领域相对。它的方法产生合理的决定"。施瓦布提出的实践模式的课程理论强调课程的实践价值和动态过程，追求课程的实践性，重视课程开发中结果与过程、目的与手段的统一，主张用集体审议的方式解决课程问题，同时把教师和学生视为课程的主体和创造者。

在施瓦布看来，一方面，实践模式的课程价值在于实践旨趣。实践旨趣是相对于技术旨趣而言的。技术旨趣是通过符合规律的行为而对环境加以控制的人

---

[1] 刘良华.教育哲学[M].上海：华东师范大学出版社，2017.

类基本兴趣,它指向外在目标,强调结果、目的,核心是把环境作为客体加以控制。而实践旨趣是建立在对意义的"一致性解释"基础上,是通过与环境的相互作用而理解环境的人类基本兴趣,它指向内在事物,强调过程、手段,核心是理解环境并与之相互作用[①]。很显然,传统的课程模式指向学生最终的学习目标,注重目的、结果和行为控制,通过事先制定好的行为目标来控制课程开发、实施、评价的整个过程,它体现的课程价值自然是追求技术旨趣。相反,实践的课程模式把课程看作一个相互作用、有机的"生态系统",认为它是建立在对课程意义的"一致性解释"基础上,通过这个"生态系统"要素间的相互理解、相互作用,实现学生兴趣需要的满足和能力德性的提高。所以,它指向课程实践过程本身(包括教师的教和学生的学),注重手段、过程和相互理解、相互作用。毫无疑问,它体现的课程价值是实践旨趣。

另一方面,实践模式的课程主体是教师和学生。施瓦布的实践课程模式强调教师和学生是课程的主体与创造者,两者应被纳入课程之中,作为课程的有机构成要素而存在,并在课程的开发及决策过程中发挥其实质性作用[②]。教师是课程的主要设计者,在课程编制中起主导作用,并且在实施课程的实践中完全有权根据特定的情境,发挥自己的创造性,对课程内容予以合理地取舍、批判。同样,学生也是课程的重要主体和创造者。虽然,他们不能直接设计、开发课程,但他们有权对教师提供的课程进行选择,有权对于什么学习内容是有价值的以及如何完成这种学习内容等问题向教师提出质疑,并要求解答[③]。总而言之,在实践模式的课程之中,教师和学习者是课程的源泉,是"交互主体"的关系。教师、学习者、教材及环境,这四因素的整合构成了实践取向的课程,并且它们的相互作用形成了课程的"生态系统",表现在三个方面。第一,教师和学习者作为课程的主体和创造者,理应加入课程的开发当中。学习者是实践课程的中心,虽然他们无法开发和设计课程,但他们有权选择课程并向教师提问,由此,学习者和课程才能共同发展。第二,教材只有满足特定学习环境的兴趣和需求时才符合课程的意义。第三,环境包括客观物质和精神文化等方面,是实践取向课程的重要组成部分。

施瓦布实践取向的课程理论给予我们的启示在于要充分发挥师生的自觉性和能动性,打破学科的壁垒,扩充学科课程资源,凸显课程的实践导向,在课程目标、课程内容、课程实施与评价的完整体系中关注实践性问题的解决,培养学生综合素质。

---

① 单丁.课程流派研究[M].济南:山东教育出版社,1998.

② 袁利平,杨阳.施瓦布的"实践"概念及课程旨趣[J].全球教育展望,2020(1):17-26.

③ 史学正,徐来群.施瓦布的课程理论述评[J].外国教育研究,2005(1):68-70.

第三章　体系建构

　　适合学生发展的教育,其本质就是提供适合学生发展的课程,课程是学校教育的核心要素,也是学校工作的核心领域,课程实施是学校内涵式发展、教师专业发展和学生全面发展的具体表现,也是学校教育追求的体现,更是实现学校教育价值最为重要的路径和平台①。

　　实践中的学校课程,往往包含一定的体系:国家课程、地方课程和学校的拓展型课程。这三个不同水平上的课程反映了不同的课程理念,它们有各自的长处和局限。国家课程有利于传承思想、文化、道德和政治法律等共同的价值观念,地方课程有利于地方经济和文化的发展,而学校的拓展型课程有助于满足基于特殊环境中的学校的实际需要。因此,三级课程缺一不可,并且在逻辑上要保持一致②。

　　学校课程在国外也叫"校本课程"(school-based curriculum),校本课程是在1973年的一次国际性课程会议上由菲吕马克等人提出的。他们认为,校本课程意指学校教职员工为改善学校教育品质所计划、开发的各种课程③。在数十年的发展过程中,学校课程的内涵不断丰富,意义和价值也得到了越来越多的共性认识。就思想依据而言,学校课程要以国家对各类学校的培养目标和培养规格为指导,以学校自己的教育思想和办学宗旨为根本,同时依据一定的课程理论等;就目的而言,学校课程旨在充分利用学校及其所处环境中的课程资源,满足学校、教师、学生的独特性和差异性需求;就开发者而言,包括学校中的个别教师、部分教师、全体教师和校外合作开发机构、人员④。值得一提的是,学校是课程开发的理想场所,教师是课程开发过程中的理想参与者。然而,要取得成功,学校课程必须成为学校文化的一个部分,成为学校在办学、课改和人才培养过程中核

---

① 陈娟,崔伟.校本课程开发与学校教育的价值追求[J].教育理论与实践,2017(34):61-64.
② 胡献忠.校本课程探微[J].现代教育论丛,2000(5):25-28,34.
③ 崔允漷.校本课程开发:理论与实践[M].北京:教育科学出版社,2000.
④ 胡献忠.校本课程:概念、意义与地位[J].淮南师范学院学报,2002(1):89-91.

心价值的重要承载和体现。这也就意味着,从根本上说,学校教育价值追求形成了学校的办学理念、办学愿景、办学目标、办学追求、育人目标等学校教育目标,这些目标的最终实现需要通过课程开发、课程教学、校园管理等实践活动来实现。课程开发是学校教育中最核心的实践活动,也是教育目标实现的关键环节,学校教育活动必须基于课程开发开展教育活动,没有相应的课程,教育就无从谈起。对于小学数学"益智学具"游戏化拓展型课程的开发建设而言,我们希望通过这种特色的课程建设,将学校在人才培养过程中的基本理念和思考融入其中,将学校在学科教学改革中的创新性理念和举措融入其中,使得这种特色化的拓展型课程不拘泥于一种单一的课程门类,而是成为承载学校办学价值、育人价值和学科改革价值的重要方式。要实现这样的价值诉求,做好小学数学"益智学具"游戏化拓展型课程的开发建设,特别是课程体系的建构就显得尤为重要了。

课程开发是将课程设计的整体理念从理想化状态转变为实践性状态的过程,这一过程包含几个关键的问题:课程目标的厘定,课程内容的整合,辅导材料的编写等。按照施瓦布的实践课程理论以及课程开发的一般原理,在遵循实践性、趣味性、整合性原则的基础上,我们对基于益智类玩具的游戏化拓展型课程进行了整体性的设计和思考。

第一节　课程目标的厘定

课程目标是指课程本身要实现的具体目标和意图。它规定了某一类课程实施过程中经过某一教育阶段的学生通过课程学习以后,在德智体美劳或其他方面的能力与素养所期望实现的程度,它是确定课程内容、教学目标和教学方法的基础。从某种意义上说,所有教育目的都要以课程为中介才能实现,而课程目标的厘定也自然应该成为拓展型课程开发的首要的基础性工作。

一、目标内涵与价值分析

一般而言,拓展型课程目标是课程目标的下位概念。从实践的角度看,可以认为,课程目标是在课程设计与开发过程中,课程本身要达到的具体要求,即期望一定阶段的学生在发展品德、智力、体质、素养等方面所达到的程度。如在我国中小学各科的课程标准中就明确地对学生发展的预期结果作了规定,而不是规定教师发展的水平或学校形成的特色。从课程目标的整体界定出发,拓展型课程目标是指学校在开发拓展型课程的过程中所设定的、拓展型课程本身所要实现的、学生应该达到的一种指向于未来的结果。也就是说,拓展型课程目标是指向学生发展的,说明通过拓展型课程的实施,学生的发展应达到什么样的水平。

拓展型课程目标有总目标和具体目标之分。一个学校的拓展型课程开发需要有一个总目标,这个总目标同时服务于国家课程总目标。学校课程开发者依据总目标,确定学校课程的结构,设置拓展型课程类型,再将它细化成各门课程的具体目标。本书所指的拓展型课程目标就是指具体的一门拓展型课程的目标。它只涉及某一具体的拓展型课程对学生成长与发展的预期要求,是拓展型课程总目标的一种具体化,它具有更强、更直接的操作性和评价性。

课程目标是构成课程内涵的第一要素,是课程设计的起点,它制约着课程设计的方向,规定着课程内容的构成和学生学习活动方式的性质。同样,科学合理地设计拓展型课程目标是拓展型课程开发成功的关键。目标对拓展型课程开发有重要的指导价值,它是拓展型课程内容选择的依据,实施的依据,也是评价的依据。可以说,拓展型课程目标的研制与实现贯穿于课程开发的全过程。人们只有正确认识,并科学地设计课程目标,才能比较理想地实现目标。遗憾的是,我国现阶段中小学拓展型课程开发正出现一些轻视目标设计,或简单甚至错误处理课程目标的现象[①],这些现象的存在导致很多学校在开发拓展型课程的过程中,表面上看,类型很丰富,内容很全面,样式也很吸引人,但是实际上与学校的人才培养目标契合不够紧密,实施的具体要求设计不科学、不可操作,这就在很大程度上消解了拓展型课程应有的价值。由此,应该认识到在拓展型课程建设的过程中,课程目标的厘定既是一个基础性的工作,也是一个非常科学和严谨的工作。

二、确定目标的依据

一般而言,课程目标从属于教育宗旨和培养目标,教育宗旨和培养目标是通过课程目标转化到实际的教育实践中去的。从此种意义上讲,课程目标就是教育宗旨和培养目标在教育活动中的具体化。关于课程目标的依据或来源问题,学者们经过长期的思考和实践,提出了一些不同的观点。塔巴在《课程设计的一般技术》中论述了课程目标的三个来源:对社会的研究、对学生的研究、对教材内容的研究。泰勒提出来的课程目标的三个来源:对学生的研究、对当代社会生活的研究、学科专家的建议。基于文献的分析,我们认为,就拓展型课程建设的目标确定而言,依据主要包括三个方面:学习者的身心发展特点、社会发展的实际需要、学科教学的个性化特点[②]。

① 索桂芳.中小学校本课程目标设计存在的问题及对策[J].教学与管理,2014(3):5-7.
② 刘俊平,孙泽文.课程目标设计:依据、原则及其基本流程[J].教育与职业,2012(5):99-101.

（一）学习者的身心发展特点

学习者自身的发展是教育活动最基本的出发点,课程的基本职能就是促进其身心发展,使其行为方式发生各种改变。置学习者需要于不顾的课程绝不是好课程。因而,在课程的开发和设计中,要时时关注学习者身心发展的各种需求,尊重其个性、体现他们的意志,视他们为一个"完整的人"①。泰勒认为学习者的需要包括六个方面:健康、直接的社会关系(包括家庭生活以及与亲朋好友的关系)、社会公民关系、作为消费者方面的生活、职业生活、娱乐活动。因此,要在调查研究的基础上,概括出学习者的共同需要,还要关注其个性化需要。特别是要对学习者的学习兴趣、认知发展与情感形成、社会化过程与个性养成以及关于学习发生条件等方面进行研究,注意他们获取知识信息的方式,尽力提高其学习效率。只有把学生身心发展的特点作为课程目标制定的直接的、重要的依据,以一种对个人和社会都有意义的方式,帮助学习者满足各种需求,才能沿着社会要求与学生身心发展需求较为一致的方向使学生得到全面发展。

（二）社会发展的实际需要

当代社会发展的需求包括空间与时间两个维度:从空间维度看,指从学习者所在的社区到一个民族、一个国家乃至整个人类的发展需求;从时间维度看,不仅指社会生活的当下现实需要,还包括社会生活的变迁趋势和未来需求。而人的发展与社会的发展在本质上并无二致,学习者发展的过程也就是个体社会化的过程,是为明天走向社会做准备的过程。学校课程要反映社会政治、经济、科技和文化发展的需要,它在传递社会文化遗产的过程中,实现着教育的文化功能、政治功能和经济功能。为此,在拓展型课程目标的确定过程中,要特别关注这样几个方面。一是经济的全球化。经济全球化有利于资源和生产要素在全球的合理配置,有利于资本和产品的全球性流动,经济全球化时代的课程目标必须具有国际视野,把本社区、本国、本民族的需求与整个人类的需求统一起来,着力培养学生的全球意识和创新精神。二是民主与公平性。社会需要是代表了前进方向的先进生产力和生产关系的要求,代表了大多数人利益的要求,在将社会生活的需求确定为课程目标的时候,必须考虑到任何公民均享有平等的受教育权利和义务,体现社会民主和社会公平的原则。三是超前性。教育虽然受社会政治、经济、生产力等因素的决定和影响,但它又是相对独立的,具有超前性。课程目标不仅要适应当下的社会需要,还应超越当下的社会现实,走在社会发展的前头、预示未来社会的状态和需求,以不断适应发展变化中的社会。否则,课程与

---

① 刘俊平,孙泽文.课程目标设计:依据、原则及其基本流程[J].教育与职业,2012(5):99-101.

教学目标就会落后于时代，学习者的发展也会受到影响。①

（三）学科教学的个性化特点

从中小学的实际情况看，拓展型课程的开发设计往往与一定的学科教学有密切关系，甚至可以认为，完全脱离学科的拓展型课程是不存在的，因而，在厘定目标的过程中，也应该充分考虑其所属或者相近学科的教学特点。学科是知识的最主要的载体，具有专业性、系统性和结构性的特点，也正是通过学科的方式，人类的知识才得到系统、规律的组织。因此，确定课程目标必须考虑学科的发展，研究学科知识、类型、发展及其价值，客观地反映学科知识增长的客观要求。将学科发展的客观要求转化为课程目标时，需要合理明确以下几个问题。其一，知识的价值是什么。知识的价值在于理解世界、与世界更好地和谐共存，在于提升生活的意义，而不是为了控制世界或仅限于对功利的追求。其二，什么知识才有价值。只有整合了人类科学精神与人文精神的知识才有价值，它使人类获得自由解放，使社会不断臻于民主公正。科学精神的知识与人文精神的知识，两者统一不能偏废。其三，如何判断知识的价值。知识负载着社会意识形态，衍生着文化、种族、民族、阶级的差异。判断知识的价值要看它究竟是在推进社会民主和公平，还是在维持社会的不平等。那些践踏社会公平的知识非但没有价值，还将会给人类带来灾难。

三、目标的阐释

基于上述分析，本书认为，拓展型课程目标的厘定是拓展型课程开发的关键环节，在很大程度上决定了拓展型课程本身教育价值的生成空间和发挥可能。有鉴于此，我们通过专家专题辅导和校内教师集体研讨的方式，通过大量学习和比较，从思想上明确了优秀的拓展型课程目标在设计和表述上的基本要求。

第一，行为主体应是学生，而不是教师。拓展型课程目标是指向学生发展的，说明学生在本课程学习过程结束时应达到的发展水平，所以描述拓展型课程目标必须从学生出发。

第二，行为描述即说明通过课程实施后学生能做什么。表述的基本方法是使用一个动宾结构的短语，用动词说明学习的类型，用宾语说明学习的内容。对于不同领域的目标，应选用不同的行为动词，如"知识与技能"领域的目标，行为动词要明确、可测量、可评价，如"选出""列举""归纳""概括"等，而"过程与方法""情感态度与价值观"领域的目标，所采用的行为动词往往要是体验性、过程性

---

① 刘俊平,孙泽文.课程目标设计:依据、原则及其基本流程[J].教育与职业,2012(5):99-101.

的,如"经历""体验""形成"等。

第三,行为条件是指学习者在什么情况下表现出的行为。行为产生的条件通常包括环境因素、设备因素、时间因素等。在评定学习者的学习结果时,要结合具体的条件。

第四,行为标准是指衡量学习结果的行为的最低要求。它通常是规定行为在熟练性、精确性、准确性、完整性、优良性、时间限制等方面的标准。

基于上述理解,我们认为,我校益智课程应以激发学生兴趣为目标,根据学生身心发展特征和年龄特点,在学生认知发展水平和已有的知识经验基础之上,向学生提供充分的游戏活动机会,帮助学生在自主探索和合作交流的过程中,理解和掌握一定的数学思想和方法,促进小学生数学核心素养的形成。通过对小学生身心发展规律的分析和对数学学科性质的理解与思考,我们厘定了数学学科益智类学具游戏化拓展型课程的四个方面的目标体系:

其一,通过游戏活动,激发学生学习数学的兴趣,建立自信心,体会学习的乐趣和成功的喜悦,增强其学习数学的动力;

其二,通过游戏活动,让学生获得初步的数学实践活动经验,能运用所学知识和方法解决简单问题,拓宽其思维;

其三,通过游戏活动,让学生在玩中学,做中学,促进其数学思维、探究兴趣、创新品质、实践能力的提升;

其四,通过游戏活动,培养学生与人合作、交流的意识和能力,培养学生敢于质疑、不怕困难的良好学习品质[1]。

审视上述四个方面的目标体系,我们认为这样的表述,既有效对接了学生核心素养体系,也很好地彰显了数学的学科素养与育人价值,既相互独立,又构成了一个完整的学科育人目标体系,能够为拓展型课程内容的整合和实施,及评价路径的设计提供很好的引领。同时,这样的表述是一线教师能够真正理解的,能够引起其情感共鸣的,也能在一定程度上消解教师在拓展型课程研究和实践中普遍存在的畏难情绪。

第二节　课程内容的组织

课程内容是指课程实施中特定的事实、观点、原理和问题及其处理方式,它是学习的对象,也是落实课程目标的基本载体,是课程目标的具体化。课程内容

---

[1]　索桂芳.中小学校本课程目标设计存在的问题及对策[J].教学与管理,2014(3):5-7.

的设计是拓展型课程建设的关键环节,具有极为重要的意义。中华人民共和国成立以来我国曾进行过多次课程改革,但终因缺乏从总体上研究课程内容的相关理论与实践问题而收效甚微。课程内容的繁、难、偏、旧成为新课程改革首先要面对的主要问题。课程内容改革的关键是课程内容的选择与组织。进行课程内容改革,需要系统地探讨课程内容的构成要素、组织原则及其结构形式,以揭示"教师教什么、怎么教,学生学什么、怎么学"的机理。这一系列理论也同样适用于拓展型课程内容的设计与组织。只有当我们真正把拓展型课程内容的组织视作一项专业化、科学性的活动时,才能够克服拓展型课程在内容设计上的零散和无序状态,推动拓展型课程建设走向科学化,走向系统化。

一、内容构成的多维分析

关于拓展型课程内容的构成,学者们各持己见:有人把学习者、教师、教材和环境视为课程内容的要素;有人把课程内容划分为范围、连续、序列和整合等要素;有人认为课程内容是由直接经验和间接经验两种性质的知识构成的[①]。本书认为,构成课程内容的基本要素包括知识,技能,情感、态度与价值观以及科目。拓展型课程内容是由这四个要素形成的"化合物"。

（一）课程内容中的知识元素

知识是用于实现目标、采取行动和作出决策的信息,是构成课程内容的核心。依据不同分类标准,课程知识可划分为不同的类型。从反映的不同对象来看,一种比较可行的划分类型是将课程知识划分为科学知识、社会知识和人文知识[②]。而从每类知识的构成来看,则包括基本事实,基本概念,规则、原理及其方法。

基本事实,指关于自然、人类社会的实际情况以及前人在这些领域进行科学探索的典型事例。它是被经验性地验证了的陈述。不了解一些基本的事实,就难以形成必需的概念,更不能产生信念。

基本概念包括具体概念和定义概念。具体概念是定义概念的思维内容;定义概念是具体概念的表达形式。在小学阶段学习者所接触的概念大多属于具体概念,初中阶段在学习某些新课题时,学习者往往也从一些具体概念开始。定义概念是以下定义的方式所表达的概念。

规则、原理是关于自然、社会和人的知识核心。一般认为,规则是对两个或两个以上概念之间某种关系的描述,而原理则是"告诉人们事件和客体是如何运

① 钟启泉.课程论[M].北京:教育科学出版社,2007.
② 张立昌,郝文武.教学哲学[M].北京:中国社会科学出版社,2009.

作的,或它们是如何得以构建的",是公式、法则和定律的总称。这类知识是理论知识的精髓,占据的分量最重,难度也最大。

方法是解决问题过程中的思考、言语与活动的程序。方法只有在活动中才能获取,如在学习活动中掌握学习方法,在社会活动中掌握沟通交流的方法。这类知识中含有一定分量的实用知识,如怎样写信、怎样测量土地等。

（二）课程内容中的技能元素

一般来说,技能包括技巧、能力和习惯,主要指个体"掌握和运用某种专门技术的能力",如绘画、写作、阅读、交流、计算、唱歌、跳舞、体操、游泳等。根据技能活动的性质,可分为智力(认知、心智)技能和动作(操作)技能。

智力技能,是借助内部言语在人脑中进行认知活动的心智活动方式,它与感知、记忆,想象、思维等关系密切。智力技能是一种合法则的心智活动方式,其本质在于个体是否掌握了正确的思维活动方式。在认识事物、解决问题的过程中,心智活动以其完善、合理的方式自动进行是智力技能良好的重要标志。智力技能包括智慧技能和认知策略,前者是运用习得的概念和规则加工外在的信息,后者是运用习得的概念和规则来调节、控制自己的活动;动作技能是运用技能去完成某种操作活动的方式,它是在练习基础上形成的按某种操作程序顺利完成某种身体协调任务的能力,表现为在相应神经活动参与下的由身体的骨骼和肌肉完成的一系列外部动作。

课程内容中的技能应该是人类活动技能中那些最基本、最主要的部分,与学生所从事的各项实际活动相对应。许多技能不仅为课程的连续性和顺序性提供保障,本身也有助于课程的整合。技能是建立在知识基础之上的,是对知识的拓展和具化。在教学中应注重学用结合,强化技能训练,从各项活动中选择最基本的活动,遴选出与这些活动相对应的基本技能,把这些技能作为课程内容的主要成分确定下来。

（三）课程内容中的情感、态度与价值观元素

情感、态度与价值观表现的是人对待一切事物的最基本的看法与倾向性。它经由感悟、体验和意识等心路历程,表现为学习者对社会、他人、人生的一种主观认识和主动反应,在个体的人格构成中居于重要地位。学习者在掌握知识和技能的过程中不能没有动机、兴趣的导引,情绪、情感的介入,以及意志、性格的参与,因而情感、态度与价值观构成了课程内容中的核心部分。情感是学习者对事物的"心理反应",往往伴有外显的行为和表情,包括学习的兴趣、热情、动机以及内心体验。态度不仅指向学习者的兴趣、责任,更重要的是指乐观的生活态度、求实的科学态度以及宽容的人生态度。它受"价值观"的影响并决定着学习

者的行为，而成为连接观念与行为的"中介"。而价值观是人们知识组织、抉择以及判断等能力形成的关键要素，其重要性不亚于信息与逻辑，它"影响人对事物进行价值判断，进而影响人的态度和行为"。如"民主与平等"的价值观就可以作为课程内容的组织要素，使学习者采纳尊重、信赖、合作和关注他人幸福的生活方式。

（四）课程内容中的科目元素

所谓科目，指按事物的性质划分的关于学术或教学活动的类别。课程与教学活动包括理论教学和实践训练两大方面，理论教学主要以学科知识教学的形式存在，实践训练主要以活动和技能操作的形式存在。因此，学校教学科目可分为学术性科目（简称学科，如数学、物理、化学、生物等）和活动性科目（如劳动、体育、社会实践等）两大类。就一门具体的科目而言，它包含一系列具体内容①。拓展型课程的建设，不论是怎样的主题设计，实际上都会对接一门或者几门具体的科目，都需要实现这些科目在学科教学领域的相应目标，只有实现这样的对接，拓展型课程建设的育人目的才能够真正实现。

二、内容组织的原则阐释

为使拓展型课程内容组织适当而且有效，应该遵循一定的原则，这些原则是达成课程内容组织功能的根本保证。泰勒曾提出"怎样有效组织学习经验"的问题，并确定了组织课程内容的"三原则"。依据泰勒的观点，拓展型课程在内容的组织上应该遵循三个方面的整体要求。

（一）内容组织的连续性

连续性是指把选出的各种课程内容要素直线式地加以叙述，使学习者在不同学习阶段不断地予以"重提"，学习者能够有机会反复、连续地学习、练习与复习，避免遗忘。如在社会学科中，如果认为培养学生阅读社会学方面材料的技能是一个重要目标，那么，在课程安排上，必须使学生有机会反复、连续地练习这些技能，从而达到掌握的目的。课程内容要素组织的连续性意味着在一段时间内，要让学习者持续学习、反复操作或练习相关内容，并根据学习科目的性质，逐渐扩大范围和加深程度，形成长期的累积效果。连续性强调的是重复，虽然过多地重复同一内容，会使学习者感到厌倦，失去新鲜感和好奇心，但它有助于学习者获得更多、更复杂的学习机会，对复杂的材料进行精确的分析，对抽象的概念进行认

---

①　孙泽文，叶敏.课程内容的构成要素、组织原则及其结构研究[J].内蒙古师范大学学报（教育科学版），2013（2）：60－63.

识和掌握,从而进行相关逻辑推理与实践操作学习,形成精细的学习态度和敏锐的感悟能力。因此,连续性被认为是有效地纵向组织课程内容要素的重要原理。

（二）内容组织的顺序性

顺序性原则与连续性高度相关,但又超越连续性。连续性过于强调同一水平的重复,容易制约学习者在理解、技能、态度等方面的深入发展。顺序性则强调每一后续学习的课程内容应该建立在前面学习的内容要素基础之上,对课程内容要素作从已知到未知、从具体到抽象、从简单到复杂的处理。这样便于对有关内容深入、广泛地展开学习,更有利于进一步地理解后续内容。这既符合知识本身的逻辑,也符合学习者的认识规律。如果说连续性关注的是课程要素的重复,那么顺序性侧重的就是课程要素的加深和拓宽了①。泰勒提出顺序性这一原则主要基于课程内容要素的逻辑顺序。但根据赞可夫的高难度教学原则,学习者的学习有时也可以依据由未知到已知、由抽象到具体、由复杂到简单的顺序进行。因为适当难度的内容,能够激发学习者的求知欲望、探索兴趣,使学习活动更具挑战性和成就感。塔巴则认为,课程内容组织应该兼顾知识的逻辑顺序和学习者的心理顺序,应用一个双重顺序把概念、意念等内容和预期的学习行为结合起来。

（三）内容组织的整合性

整合性是指在课程内容各要素之间的横向的联系或水平的组织上,寻求要素之间的内在联系,形成适当的关联,逐渐获得一种统一的观点,把各种要素整合为一个有机整体,从而克服由于分科所造成的课程内容支离破碎的状态,以增强学习的价值、应用性和效率。整合性强调以各门学科的独立性为前提对课程内容进行组织。这就意味着它要在尊重差异的前提下,打破固有的学科界限和传统的知识体系,找出各种课程与教学内容要素之间的内在联系。它关注的是知识应用而不是知识形式,强调的是内容的广度而不是深度,力求在整合的基础上,加强各个学科之间、课程内容和个人需要及兴趣之间、课程内容和校外经验之间的广泛联系②。

三、内容设计

正如前文所言,我校的游戏化课程建设以激发学生学习兴趣为目标,根据学生身心发展特征和年龄特点,在他们的认知发展水平和已有的知识经验基础之上,向他们提供游戏活动机会,帮助他们在自主探索和合作交流的过程中,理解

---

① 张华.课程与教学论[M].上海:上海教育出版社,2000.
② 孙泽文,叶敏.课程内容的构成要素、组织原则及其结构研究[J].内蒙古师范大学学报（教育科学版）,2013(2):60-63.

和掌握一定的数学思想和方法，最终促进学生数学核心素养的形成。在此总体目标的指引下，我们结合沪教版小学数学教材中的部分教学内容，把益智课程与数学教学内容紧密联系，根据思维深度合理选择益智学具和游戏内容，把数学益智课程作为数学课程教材内容的延伸与拓展，分层设计，形成分年级的拓展型课程，初步形成了由"钓鱼能手""三子棋""夺王游戏"等 50 个相对独立的游戏活动构成的课程整体框架。课程内容既有效地对接了课程目标，又充分彰显了益智类游戏的特点和小学生的身心成长规律，同时也与数学学科的知识点、能力点形成有效衔接，实现了实践层面的可操作性（见表 3－1）。

表 3－1　"益智学具"游戏化拓展型课程内容框架

数感	符号意识	空间观念	几何直观	数据分析观念	运算能力	推理能力	模型思想	应用意识	游戏内容	一	二	三	四	五
●				●	●			●	排七接龙	●				
●	●			●	●				大鱼吃小鱼	●				
●				●				●	钓鱼能手	●				
						●			三子棋	●				
						●			赛马棋	●				
●					●	●			算数小棒变变变（一）（二）	●	●			
●		●						●	四宫数独	●				
●		●	●	●		●		●	汉诺塔（一）（二）（三）	●		●		●
		●	●			●			T字之谜（一）（二）	●	●			
		●	●			●			巧脱红心	●	●			
●	●			●		●			算格（一）（二）（三）		●	●	●	
●									算数棋					

（续表）

主要教学目标									游戏内容	适用年级				
数感	符号意识	空间观念	几何直观	数据分析观念	运算能力	推理能力	模型思想	应用意识		一	二	三	四	五
●				●	●	●		●	夺王游戏		●			
●		●		●	●	●	●	●	幻方		●	●	●	
●				●	●	●			你算我取		●			
		●	●						索玛方块（一）（二）（三）（四）		●	●	●	●
			●			●	●	●	神奇七巧板	●	●	●		
		●	●			●			翻转棋（一）（二）		●		●	
		●				●			华容道	●	●			
●	●			●	●	●			纸上扫雷（一）（二）（三）		●	●	●	
			●				●	●	破碎的蛋		●			
●				●	●	●			巧算21点		●			
		●					●		魔方（一）（二）（三）		●		●	
		●	●			●			五子棋（一）（二）				●	●
						●		●	狭路相逢		●			
●				●	●	●			巧算24点				●	
			●	●			●		百变正方形				●	
●		●		●					超级大赢家				●	
●	●			●	●			●	魔术小棒变变变				●	●
		●				●			莫比乌斯环				●	
●				●	●	●	●	●	抽奖游戏里的秘密					●

（续表）

主要教学目标									游戏内容	适用年级				
●			●		●		●		抢三十					●
数感	符号意识	空间观念	几何直观	数据分析观念	运算能力	推理能力	模型思想	应用意识		一	二	三	四	五
●	●			●	●				魔力扑克牌					●
●	●		●		●	●			九宫数独	●	●	●	●	●

第三节　课程辅助资料的编写

正如前文所言,拓展型课程是在落实国家课程和地方课程的前提下,基于学校本身的需要,以学生发展为目的,充分利用本校及周边地区的资源,以学校教师为主体开发的可供学生选择的课程①。开发拓展型课程,离不开校本学本及相关辅助资料的编写。主题多元化、形式多样化的校本学本是拓展型课程实施的媒介和载体,将相对固定、生硬的课程转变为丰富多彩的教学活动,激发了学生的学习热情,张扬了学生个性,促进了教师自身的发展和学校特色的形成。

通常而言,拓展型课程的实施会受到学本质量、课时安排、教师水平、升学压力等诸多因素的影响。调查发现,许多学校编印的校本学本只使用几年就被束之高阁、偃旗息鼓。究其原因,主要在于校本学本编写思路狭隘、内容陈旧、编排方式单调、知识呈现形式不符合学生的心理认知规律等。而编写教师却认为这些学习材料是他们呕心沥血的杰作,其内容与形式都是精打细磨的无须再进行重新修订。实践证明,校本学本要获得应有的地位、形成应有的价值,编写者就必须具有包容的心态,走开放之路。只有树立开放的意识,才能容纳新的观念、接受新的资源、重组新的主题,才会充分尊重学生的差异性,构建切实有效的学习环境,使校本学本从故步自封走向多元开放。

校本学本的编制某种程度上说是拓展型课程的再造。这一过程并非易事,是一项系统工程,涉及学本的构架、文本的选择、问题的设计、活动的安排等要素,这些要素环环相扣,共同决定着学本的质量,因此,校本学本再造时应遵循下

---

① 蔡伟.校本教材的开发与运用[M].南京:江苏教育出版社,2012.

列原则。一是开放性。开放性是拓展型课程的本质特征,是拓展型课程再造成功的基石。任何教育实践活动都需在开放中与人合作分享,课程本来就应总结反思、修改完善、动态开放。校本学本再造不仅要有课程目标的开放,还应有课程内容的开放、学习时空的开放、评价方法的开放。要充分调动校领导、教师、学生、家长参与课程建设的积极性,充分利用学校、家庭、社区、网络等一切可得的资源,而不应局限于教科书,单一学科,或教室,从而达到课程目标的多元化、学习目标的多层化、三维目标的多向化,使校本学本在开放中发展,在发展中完善。二是生本性原则。建构主义理论认为学习是学习者主动建构的过程,"以生为本"是校本学本再造的基础,全部操作应以学生为中心。不论是资源的选择、方案的设计、活动的组织还是效果的评价,都应以促进学生的发展为衡量标准,尊重学生的个体差异,根据学生的认知发展水平,选取适合的学本内容和形式,促进学生形成正确的情感、态度和价值观。用发展的眼光看待学生的成长,尽可能为学生的发展创造条件,实现有差异的发展,成就每个学生。三是生活化。生活既能为学生提供直接的经验,又能为学习活动创设特定的情境。校本学本编写应回归生活,把学生引向生活,从家庭生活、社会生活、学习生活、自然生活中寻找资源。在生活中学习知识,用所学知识服务于生活。只有与社会生活紧密相连的校本学本,才能缩短学生与学习内容之间的距离,激发学生自我探究、自我学习的欲望,提升校本学本的育人价值。四是特色化。校本学本编写应在话语方式、结构、排版布局、装帧设计等方面体现特色。校本学本依托学校而生存,学本的总体设计、具体应用等都应围绕学校来开展。学校应依据本校的实际情况和学生的特点,对学校和周边地区的历史文化、自然环境、传统优势等独特资源进行调查,分析整合与利用,因校制宜,形成自身的教育教学特色①。

　　总而言之,从本质上说,学本应包含三个基本要素:作为学生的知识体系的事实、概念、法则、理论;同知识紧密相关,有助于系统掌握各种能力及熟练技艺的各种步骤、作业方式与技术;与知识体系与能力体系的密切结合,奠定世界观之基础的、表现为信念、政治、世界观、道德的认识、观念及规范。在这三个要素中,第一个要素侧重于适应,第二个要素侧重于发展,第三个要素侧重于升华。对于当前的校本学本建设来说,要实现第三个要素尚有一定的困难。但仅停留在第一个要素阶段,则不利于学生提高,而经过努力,实现第二个要素是可能的,同时也是必要的。换言之,在开发校本学本时,应当以素质教育价值观为导向,突破适应,立足发展,努力升华②。

① 高志雄,赵苹.开放:校本学本再造的有效路径[J].教育理论与实践,2015(29):36-38.
② 蔡伟,高钗.校本教材建设的思考[J].教育研究,2006(2):90-92.

依据上述原则，我们在设计"益智学具"游戏化拓展型课程的辅助材料过程中，主要从"学生的学"和"教师的教"两个维度进行，设计开发了与"益智学具"游戏化拓展型课程相配套的"学本"和"学习指南"。

一、拓展型课程学本的编写

学校根据自身发展需要和前期研究情况，成立小学数学益智学具游戏化拓展型课程开发小组，课题组成员通过反复研究学校引入的 50 种益智学具，对其操作方法及难易程度有了全面而又清晰的认识。在此基础上，我们精心挑选了近 30 种益智学具，用于拓展型课程，又根据学生年龄特点和认知水平，结合沪教版小学数学教材中的部分教学内容，把数学益智课程作为数学课程教材内容的延伸与拓展，分层设计，确定了适合每个年段使用的益智学具，形成了分年级的数学拓展型课程学本。

我们每个年段拟订 10 项活动内容，组成一至五年级 50 项活动。如一年级"四宫数独""赛马棋"等；二年级"幻方""夺王游戏"等；三年级"狭路相逢""T 字之谜"等，四年级"翻转棋""索马方块"等；五年级"九宫数独""抢三十"等。

本学本的编撰，以学校课程开发小组成员为主体，聘请学科专家、课程专家和科研专家参与指导，保证了科学性与合理性。学本的编写体现兴趣性、学科性、创造性、活动性和融合性的原则。每课学本的编写，重在实用性，强化操作性，体现层次性。经过多次讨论、磨稿，确定学本五册，每个年级一册，每册 10 个益智游戏。编写体例统一确定为"热身运动""快乐参与""大显身手""探索无限""点赞榜"五大版块。

热身运动：通过教师的实例讲解，帮助学生了解益智学具以及游戏的规则。

快乐参与：在教师引导下，让学生掌握基本的游戏方法和策略。

大显身手：开展自我挑战或与他人互动，在实践中提高学生游戏方略的活化运用能力；开展自我挑战和与他人互动。

探索无限：以问题为导向，课外延伸，对接生活，深入探究，挖掘数理的根源和本质，培养学生的科学探究精神；补充课外链接，丰富游戏内容、拓宽视野。

点赞榜：通过过程性和表现性评价，反映学生参与课程学习的水平层次以及收获与成效，发挥评价的诊断、激励、发展功能，提升学生兴趣，鼓励学生参与。

目前，五册内容已编写完成，并印制成册。课程也已在学校快乐活动日中开展起来。我们还与上海歆育信息科技有限公司合作进行益智类拓展型课程的设计与开发，着手将五册学本中的精品内容做成网络课程，目前已经完成的有"汉诺塔""夺王游戏"等。

以下是我校基于益智学具开发的拓展型课程学本内容的截图展示。

钓鱼能手

热身运动

■ 观察家

听说你是钓鱼高手，你钓的鱼都很大吗？

哈哈，我钓的不是真的鱼，我是用扑克牌玩钓鱼游戏。我教你玩吧！

牌面上的 A 表示 1；
J、Q、K 分别表示 11、12、13；
小王和大王分别表示 14、15；
其余的根据牌面上的数。

快乐参与

■ 准备

★洗牌（去掉大王、小王）后，发 4 张牌放在桌上作为"鱼"，有数字的一面朝上。如：

桌上

★两人游戏，轮流摸 4 张牌拿在手上作为钓竿，有数字的一面对着自己。
★其余的牌叠放在桌上，有数字的一面朝下。

■规则屋

规则1

如果手中有一张牌的数字与桌上任意一张牌的数字相加等于14，即钓鱼成功（如图）。两人轮流，每人钓一次。

用手里的5去钓9，因为9+5=14。

规则2

钓鱼成功后，将这两张牌放在自己这边桌上。然后从桌面叠着的扑克牌中再摸两张，一张拿在手上，另一张放在桌上，使手里、桌上均补足到4张牌(如图)。

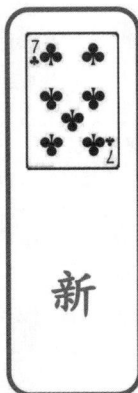

新

桌上

新

规则3

如果手中的牌没有一张能钓到桌上的牌，就从手中任意取出一张牌放在桌上充当鱼（如图），再从叠着的牌中摸一张，拿在手上。始终保持手上有4张牌。

大显身手

那我们按规则来玩一玩吧！

没问题！

温馨小提示

当必须扔出一张牌而手上恰巧有两张相加等于 14 的牌时，可以扔出其中的一张，这样的话在下一轮活动中就能用手中的牌去钓自己扔出的这张牌。

在扔出不能用的牌时，如果手上有两张牌正好数字相同，最好就扔其中的一张。

决出胜负

最后，当叠着的牌摸完，手里的牌也钓完或是无法再钓时，游戏结束。双方数出各自钓到的鱼（即刚才放在自己这边牌的张数），多者为胜。

探索无限

规则

玩法与"游戏一"类似。不同的规则是：

★加入大王、小王两张牌。

★用手里4张牌中的2张牌钓桌面上的1张牌，和为20（如图）。

我可以用手上的2和7，钓桌上的J(11)，因为7+2+11=20。

动脑筋

聪明的小朋友，试一试自己制订规则和小伙伴玩吧！

温馨小提示

每次钓到鱼后，别忘记补足桌上和手上的牌，要想玩得好，20以内的连加可要熟练哦！

点赞榜

评价内容	自评	互评
我是"钓鱼能手"小达人	👍👍👍	👍👍👍
用完东西放回去	👍👍👍	👍👍👍

神奇七巧板

热身运动

■观察家

仔细观察，有什么特点？

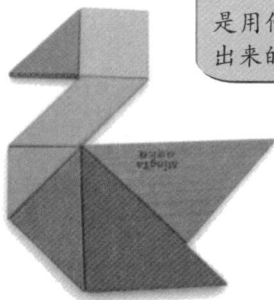

这只"小鸭子"是用什么学具拼出来的？

我发现一共有7块几何图形。

我还发现这7块几何图形是这样拼成的：5个三角形、1个正方形和1个平行四边形。其中的三角形按大小又分为2个小三角形，1个中三角形和2个大三角形。

这个叫做七巧板，是一种智力游戏，它是由7块板组成的。由于等积变换，所以这7块板可拼成许多图形（1600种以上）。

■**小贴士·七巧板的游戏规则**

用七巧板拼摆出的图形应当由全部的7块板组成，且板与板之间要有连接，如点的连接、线的连接或点与线的连接；可以一个人玩，也可以几个人同时玩。

快乐参与

■分析师

你知道吗？不是所有的七块板都能称为"七巧板"，因为每块板它们都很特别！

哇！我发现这七块板正好可以拼成一个正方形！

■研究员

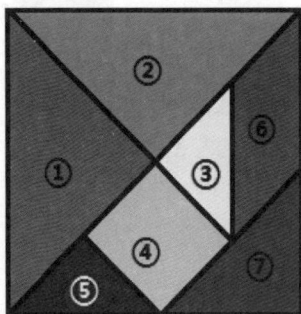

七巧板是由以下 7 块板组成的，完整图案为正方形：5块等腰直角三角形（①②③⑤⑦）、1块正方形（④）和1块平行四边形（⑥）。

同学们，仔细观察一下，这些几何图形之间有什么关系？

我发现①和②，③和⑤的三角形大小一样哦。

我发现用③⑤⑥可以拼成①。

我把⑥换成④也可以拼成①。

同学们，这个七巧板有很多小秘密哦，你们也可以试着拼拼玩玩，把你的发现和好朋友分享一下吧！

温馨小提示

七巧板完整的图案为一正方形：5块等腰直角三角形(2块大小一样的小三角形、1块中三角形和2块大小一样的大三角形)、1块正方形、1块平行四边形。7块板之间不仅可以互相拼搭形状，而且可以用各种不同的拼凑法来拼搭千变万化的形象图案。

大显身手

■问号墙

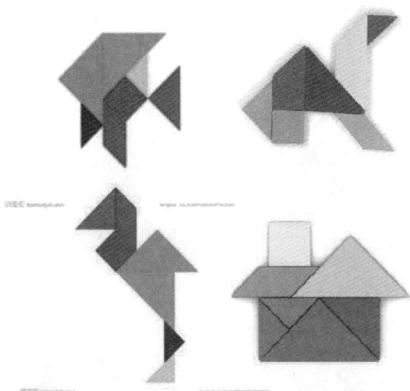

七巧板可以拼出桥梁、船只、手枪或是跑步、跳舞、站立的人物以及戏水的鱼、猫、狗等。

同学们，用你手中的七巧板选一个你喜欢的图形拼一拼吧。

■交流会

同学们，你们看，这是什么小动物？

现在看不出图形了，你能试着将它拼出来吗？

仔细观察图形组成的特点，你也可以拼出这只小动物。

温馨小提示

七巧板的流行是由于它结构简单、操作简便、明白易懂的缘故。你可以用七巧板随意地拼出你自己设计的图样，但如果你想用七巧板拼出特定的图案，那就会遇到真正的挑战，这也正是玩七巧板的乐趣所在。

探索无限

■游戏室

同学们,赶紧用我们刚学到的新本领和你的小伙伴玩起来吧!

大家知道了"七巧板"秘密,那么动手画一画,画一块属于自己七巧板,然后试着涂上颜色吧!

■悄悄话

1. 找到突破口;
2. 连接对角线;
3. 找到关键图形;

■信息窗

七巧板又称七巧图、智慧板,是中国民间流传的智力玩具。它是由宋代的宴几演变而来的,原为文人的一种室内游戏,后在民间演变为拼图板玩具。现七巧板由一块正方形切割为7个几何图形而成,可将其拼凑成各种图形,可一人玩,也可多人进行比赛。

点赞榜

评价内容	自评	互评
我是"七巧板"小达人	👍👍👍	👍👍👍
用完东西放回去	👍👍👍	👍👍👍

巧算 21 点

热身运动

■ 观察家

哈哈，是根据扑克牌上的数用＋、－、×、÷来算"21点"，你会算吗？

川川，你这是要我们干什么呀？

那我去找小融和小合一起来玩。

温馨小提示

计算时要注意运算顺序，先乘除后加减；

有括号的，要先算括号里的，再算括号外的。

每张牌必须用一次而且只能用一次哦！

快乐参与

$$5 \times 3 + (9 - 3) = 15 + 6 = 21$$

$$(3 + 3) \times 5 - 9 = 30 - 9 = 21$$

$$(5 - 3) \times 9 + 3 = 18 + 3 = 21$$

你们好厉害！让我再想想吧......

注意哦，在游戏中可以先想 21 可以由哪 2 个数通过＋、－、×、÷得到，如：3×7、$27 - 6$、$18 + 3$、$30 - 9$、$15 + 6$、$42 \div 2$……计算要仔细哦！

大显身手

请你们四人再来算一题，说出你们各自的算式。

看到7，我想到的是凑3： (6÷2)×7×1 =21

我也是，不过我是这样凑3的： (6-2-1)×7=21

你们做的都是7×3=21，我想到的是7+14=21：
7+2×（6+1）=21

哈哈，我想的和你们都不一样哦！我想的是除法：
42÷2=21　　　6×7÷2×1=21

温馨小提示

乘法最简单哦，看到 3 就凑 7，看到 7 就凑 3……

探索无限

我们把 J、Q、K 加上，再来玩吧。

可以呀，越来越难了，大家计算时要仔细哦。

我知道了……

我也想出来了！

小朋友们，开动脑筋，你能想出几种答案？

　　在游戏中即使加上 J、Q、K，但是方法还是与前面一样，仍然要先想 21 是由哪 2 个数通过＋、－、×、÷ 得到的，但是由于数的范围大了，难度也随之增大了，计算更要仔细！

大家可以一起来试一试网上的游戏。

- http://www.yx7.cn/Game/8744.Html
- http://www.xiaoyouxi.com/down/soft/731/20981.htm

点赞榜

评价内容	自评	互评
我是"巧算 21 点"小达人	👍👍👍	👍👍👍
用完东西放回去	👍👍👍	👍👍👍

狭路相逢

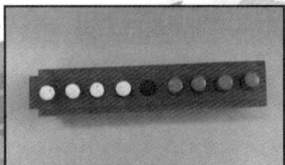

热身运动

■观察家

这是什么小游戏？

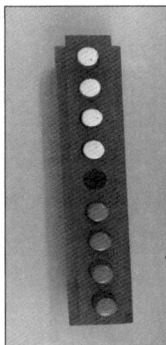

我发现长方形木框里一共有9个洞，放着8个棋子。

我发现这8个棋子分为4个白色、4个灰色，它们各占一边。

我还发现两组棋子中间有一个空着的洞。

这个叫做狭路相逢，是一款单人智力游戏，它包括一个带有9个洞的木框和8个棋子（每种颜色4个）。各拿出4个相同颜色的棋子分别放在木框的两边，中间空出一个位置，然后按规则走动棋子，使它们在两种颜色之间转换。

小贴士·　　　狭路相逢的游戏规则

1、每种颜色的棋子仅允许向前（朝一个方向）；

2、可以移动一步也可以跳过一个棋子；

3、目的：将两种颜色交换位置。

快乐参与

■分析师

根据规则我先把一颗白色的棋子往前走一步，接下去是不是灰色的跳过去呢？

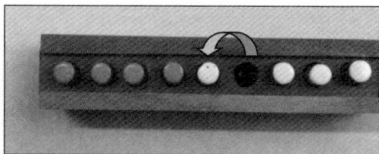

我来试试看，灰色棋子跳过去后把第二个灰色的棋子往前走一步……

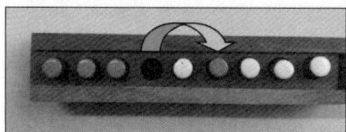

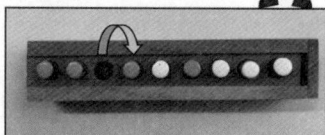

接下来轮到白子连续向前跳了3次。

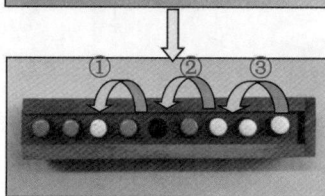

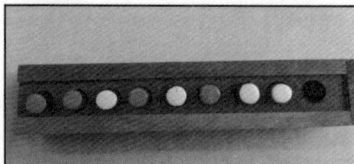

① ② ③

哎呀，移到这里就没办法移动了，怎么办啊？

大家注意哦，这里有个小诀窍：不能让颜色相同的棋子连在一起，不然就堵死了。

返回第3跳

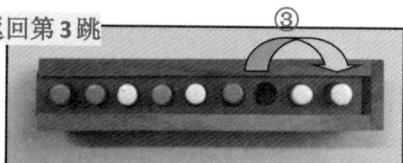

重新走

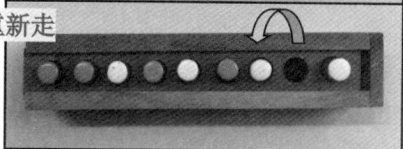

重新回到刚才的第3跳，这次我改成往前走一步，这样就行了。

哦，我知道了，现在轮到灰色棋子可以4连跳了。

接下去怎么走呢？大家自己试一试吧！

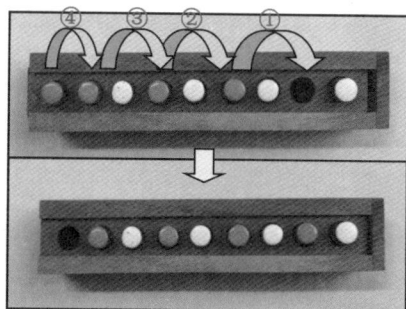

再告诉大家一个小诀窍：两种颜色的棋子尽量互相间隔或隔空哦。

■研究员

这款游戏里面有着很多小窍门，除了前面说过的一些规则之外，我们还要注意同色的棋子不能相连（图①），巧妙利用空洞来跳跃完成两色棋子的交换（图②）。

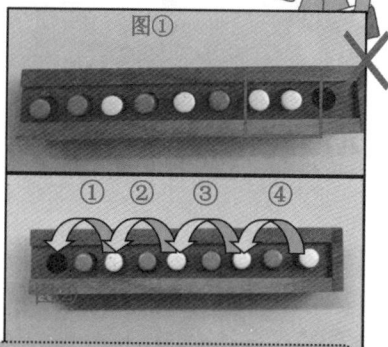

图①

温馨小提示

要挑战成功这款单人游戏"狭路相逢"，除了遵循游戏规则外，还要注意同色的棋子不能相邻，同时利用间隔做到走跳结合，落子前谨慎考虑，勇往直前，就能取得胜利。

大显身手

■玩一玩

知道了规则，同学们，让我们动起来，一起玩一玩，把你的发现和好朋友分享一下吧！

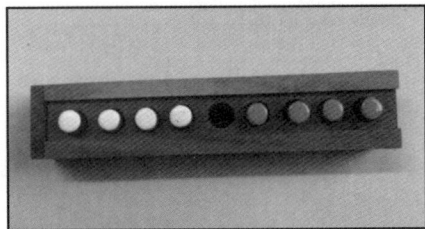

■交流会

我用1234x5678数字代表八颗棋子，x代表中间的洞，将移动的步骤记录如下：5 4 3 5 6 7 4 3 2 1 5 6 7 8 4 3 2 1 6 7 8 2 1 8，用了24步。（图一）

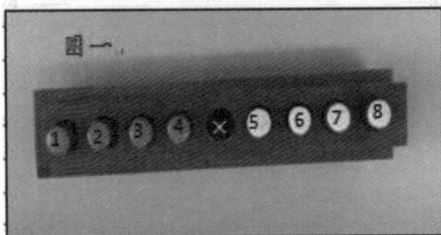

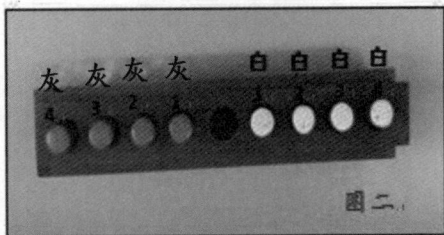

我是这样记录的（图二），也用了24步，同学们也来试着用图二的方式记录步骤吧！

温馨小提示

"狭路相逢"这个游戏看似简单其中却有着很多的小窍门，完成的方法有很多种，我们可以用自己的方式来进行游戏、记录游戏，得到游戏中的乐趣。

探索无限

■游戏室

同学们，刚才介绍的"狭路相逢"中有 8 颗棋子，每组 4 颗，如果增加到每组 5 颗，一共 10 颗棋子，规则一样，你还会玩吗？

■悄悄话

1. 仿照 8 颗棋子的方法；
2. 注意不让同色棋子相连；
3. 大胆尝试。

■信息窗

有一个和"狭路相逢"相似的电脑小游戏"青蛙过河"：有 6 只小青蛙，7 个石墩。7 个石墩并排放着，6 只小青蛙分为两组，每组 3 只，每只占据着一个石墩，剩余的一只石墩立在两组中央。它的游戏方法和"狭路相逢"是一样的，可以用鼠标点选其中的青蛙，使它向前跳动，从而达到过桥墩的目的。

点赞榜

评价内容	自评	互评
我是"狭路相逢"小达人	👍👍👍	👍👍👍
用完东西放回去	👍👍👍	👍👍👍

二、拓展型课程学习指南的编写

教师是教学活动的主要实施者，要顺利达到课程建设的预期目标，必须对教师的教学行为进行一定的引导和规范。运用益智类游戏开发拓展型课程，不仅是对课程内容和形式的重新建构，也是对教师教学意识和行为的深度变革。因为是一项前所未有的创新型活动，很多教师对于学本的实用性是心存顾虑的，他们迫切需要源自上层或者专家的实践性指导。因此，我们在编写学本的同时，也注重对教师教学的指导，试图以学校课程开发小组为主体，在学科专家指导下编写游戏化学习指南，为教师教学提供直接、有用的资料。"指南"共分五册，每个年级一册，配合学本使用。按照"活动名称""活动准备""活动目标""活动重点""活动难点"这种统一的编写体例，以及对学本的具体分析、建议及与之相关资料的"活动建议"板块组织编写。在"活动建议"板块，我们提供每个活动环节需要达成的目标、活动的小建议、小提示以及与活动有关的小链接，供教师参考。教师可以借鉴"指南"提供的建议，合理运用"指南"所提供的资料，充分考虑学生的实际进行教学。

以一年级"汉诺塔"一课的教学为例，我们在"指南"中设置了如下内容。

活动名称：汉诺塔。

活动准备：汉诺塔玩具若干，课件等。

活动目标：了解汉诺塔的游戏规则；先探索游戏成功的方法，再探究用最少的步骤完成"三层汉诺塔"的游戏策略，并以此类推尝试探索完成"四层汉诺塔"的最少步骤；经历同桌合作，小组竞赛等实践活动，感受汉诺塔游戏带来的乐趣，增强团队凝聚力。

活动重点：了解汉诺塔的游戏规则，尝试完成"三层汉诺塔"。

活动难点：用最少的步骤完成"三层汉诺塔"；在初步掌握游戏策略的基础上，探索"四层汉诺塔"的最少完成步骤。

除了上述内容之外，在"指南"中我们还特别对每一环节的教学目标、教学资料进行了阐释，并提出了教学过程中的小建议，从而便于教师更好地开展教学，完成预设的各类目标。

例1：益智学具游戏课程"排七接龙"学习指南（第一册）

活动名称：排七接龙。

活动准备：铅笔、纸、扑克牌、课件等。

活动目标：认识扑克牌，了解排七接龙的游戏规则；通过玩具操作、探索、尝试，在游戏中初步掌握排七接龙的游戏技巧；通过游戏活动，懂得并遵守规则；在游戏活动中学会扑克比赛的一些基本礼仪。

活动重点：认识扑克牌，了解排七接龙的游戏规则。

活动难点：掌握排七接龙的游戏技巧。

活动建议如下。

"热身运动"目标：让学生观察并认识扑克牌。知道一副牌有4种花色，各有13张，A、2……J、Q、K，共52张正牌，加上2张副牌（大王和小王），共54张。

"快乐参与"目标：掌握顺序接龙的游戏规则。

小建议：①教学前先让学生熟悉扑克牌中的4种花色，按照花色，对扑克牌进行分类；②分类完成后，按照从小到大或者从大到小的顺序来排列，重点关注扑克牌中的"J、Q、K"，相当于数学中的"11、12、13"；③游戏开始前，让学生自己读懂规则，建议教师举出一些具体实例，便于学生理解，如从7开始，按顺序（正、倒）出牌，无牌出时怎么办；④尝试四人对战，在多次游戏中感知技巧；⑤游戏后引导思考，如何出牌才能使对方没法出牌，而自己可以尽快地出完手中的牌。（主要看同花色中牌的多少，在有几张牌可出的情况下，尽量留住手中花色少的牌）

"规则屋"目标：掌握盖牌接龙的游戏规则。

小建议：①对比顺序接龙的游戏规则，知道当无牌可出时，不轮空，而必须"盖牌"；②关于"盖牌"的注意点，同花色位置，盖牌后面不能再接龙，现有牌和盖牌之间可以继续接龙；③四人对战并统计比赛结果（即统计扣分总数）；④让学生熟记J代表扣11分；Q代表扣12分；K代表扣13分。

小提示：直到所有人都无牌可出，牌局才能结束。牌局结束后，统计各人"盖牌"所扣的分数，扣分越少排名越前。

"大显身手"目标：会仔细检查，判断"盖牌"方是否正确，并在游戏中体会盖牌的技巧。

小建议：在对方说没牌可出的情况下，教师一定要提醒学生翻开"盖牌"方的牌，大家一起仔细检查，如被查出还有牌可出的话就要加扣10分！让双方都养成仔细、不马虎的好习惯。

小提示：在多次游戏中感知技巧。扣分越多，排名越后。所以，当必须"盖牌"时，要根据当时的牌局，让学生分析盖手中的哪张牌才能使自己扣分最少，同时又可以阻碍别人出牌，让对方尽可能被多扣分。

"探索无限"目标：熟练运用两种规则来进行顺序接龙和盖牌接龙的游戏。

小建议：在玩盖牌接龙的游戏时可以在纸上记录各人"盖牌"所扣的分数，便于牌局结束后，统计各人所扣的总分数来进行排名。

小链接 大约公元 13 世纪，纸牌游戏传到欧洲，经过一段时间的发展，纸牌演变为卡片，逐渐形成现在普遍使用的扑克牌，并最终发展成为国际性纸牌。最早扑克牌的张数，各地不一。意大利每副 78 张，德国每副 32 张，西班牙每副 40 张，法国每副 52 张。现在扑克牌分 4 种花色，分别是黑桃、红桃、方块、梅花。4 种花色有不同称呼。法国人称"矛、心、方形、丁香叶"，德国人称"叶、心、铃、橡树果"，意大利人称"剑、硬币、棍、酒杯"。后来西方人根据天文学中的历法，把这种纸牌游戏卡片统一内容，定为 54 张，4 种花色。这样，经过长久的演变，逐渐趋于一致。（参考：百度文库《扑克的常识和故事大全》）

（本文作者：王海静）

例2：益智学具游戏课程"大鱼吃小鱼"学习指南(第一册)

活动名称：大鱼吃小鱼。

活动准备：扑克牌、课件等。

活动目标：认识符号"<""＞"，能用符号比较自然数之间的大小关系；通过扑克牌操作、比较，尝试用扑克牌的号码代表自然数，建构符号意识；通过对扑克牌进行两数相加和两数相减，在游戏中锻炼加减运算能力；在游戏活动中学会思考和总结，探索最佳策略。

活动重点：初步认识"大鱼吃小鱼"的特征。

活动难点：扑克牌上的数超过 10 时，如何比较。

活动建议如下。

"热身运动"目标：让学生观察扑克牌，认识牌面上的数和图案；探索游戏规则。

"快乐参与"目标：两两对战，根据游戏规则比较大小。

小建议：①让学生熟悉并理解游戏规则，即从牌面上的数、图案代表数和扑克牌的花色三个方面读懂游戏规则；②本游戏中的三次比赛包含三层含义，即牌面上的数比大小，图案代表的数与牌面数比大小，两数相同看牌面上的花色作比较；③建议在学生比较的时候，把温馨小提示放在课件上，作提醒。

"大显身手"目标：两人对玩，根据游戏规则比较大小。

小提示：①本题是考验学生 20 以内数的减法口算熟练度和正确率；②建议让学生自主阅读和看图理解游戏规则；③建议学生说一说图中两人对玩的计算过程——两数相减；④同桌两人对战。

"探索无限"目标：根据游戏规则，比较数的大小，猜一猜抽到的这个数。

小建议：①让学生通过阅读和看图理解游戏规则；②建议让学生玩一玩，猜一猜，比一比谁用最少的次数猜出这个数；③在游戏的过程中，总结方法，看怎样提问能在最短的时间内猜出这个数。

小贴士　"探索无限"中，同学们总结了怎样用最少的次数猜出数字的小策略，你发现了吗？

策略 1：观察牌上的数和图案，发现一共有 13 个数，可以先猜一个中间数"7"，再根据对方说"大了"或者"小了"猜这个数是几。

策略 2：从最小的或者最大的数开始依次猜。

策略 3：只猜单数或者只猜双数。

（本文作者：潘静怡）

例3：益智学具游戏课程"四宫数独"学习指南（第一册）

活动名称：四宫数独。

活动准备：数独玩具若干、课件等。

活动目标：认识四宫数独游戏的规则，掌握玩"数独"的方法；通过观察、尝试等活动，提高推理能力，让学生对数独产生兴趣，并有探究的欲望；养成动手之前先动脑的好习惯。在拼摆的过程中不断尝试，克服困难，应用数独的思想解决问题。

活动重点：初步认识四宫数独的特征。

活动难点：探索四宫数独的规律并摆出一个完整的四宫数独。

活动建议如下。

"热身运动"目标：①让学生观察玩具的组成，认识四宫数独；②了解游戏规则。

"快乐参与"目标：能运用"唯一法"解决初级问题。

小建议：①当某行（列、宫）已经填写的数字达到3个，那么该行（列、宫）剩余能填的就只剩下那个没有出现过的数字，这个数字就成为该行（列、宫）唯一的解，这叫做"唯一法"；②每个数字要放入相应的空格中，每一行、每一列的数字不能重复出现；③让学生在四宫数独中操作练习，引导学生从不同的角度（每行、每列、每宫）进行思考；④引导学生观察时，不仅要观察行、列，还要观察宫，找到提供信息最多的方位，从这个方位开始入手，这是解题的关键。

"大显身手"目标：能运用"唯一法"和"排除法"解决问题。

小建议：①先找已知3个不同数的行（列、宫），确定第四个数，依次推出结论；②如果缺少2个已知数，则可以同时观察行列或行（列）宫，使用"排除法"以确定缺少的数。

小提示：先从已知数最多的行或列或小四宫格做起，看这里可以填的是哪几个数，再一个一个地试（对比它的行或列或小宫格），找到突破口，这是关键。每道题都可根据所提供的数字，通过逻辑推理解答出来，可以用排除法，也可以用假设法。一定记住：每道题只有一种答案。数独解法全部由规则衍生出来。基本解法分为两类，一类为排除法，一类为唯一法。所有杂的解法，最终都会归结到这两大类中。

"探索无限"目标：完整摆出四宫数独内的每一个数。

小建议：通过游戏，考查学生对新知的掌握情况及应用能力，并让学生在游戏中感知"规律"的普遍存在。同时,培养学生有序、全面思考问题的意识,提升学生思维的灵活性。

　　小链接 "数独"是一种数字推理游戏。这种游戏全面考验做题者观察能力和推理能力。因新西兰人高乐德开发出数独出题程序并将它放在网站上,这个游戏开始风靡全球。随着数独这项智力运动在中国的不断普及,越来越多的人成为数独爱好者。目前,涌现了大量的关于数独游戏的书籍,大家可以从网上下载数独软件到电脑,也可以把软件下载到手机上玩。

（本文作者:陶佶）

例 4：益智学具游戏课程"算术棋"学习指南（第二册）

活动名称：算术棋。

活动准备："算术棋"学具。

活动目标：能读懂游戏规则，并根据规则进行两人游戏；在游戏中熟悉加法计算，通过比赛感悟算术棋的取胜策略；通过经历游戏取胜策略的探究过程，灵活运用四则运算，改造游戏规则。

活动重点：在游戏中，读懂规则，利用规则进行两人游戏；在多次实战演练中，熟悉加法计算，并尝试探索取胜策略。

活动难点：经历游戏取胜策略的探究过程，灵活运用四则运算，改造游戏规则。

活动建议如下。

"快乐参与"目标：通过阅读"算术棋的规则"和"温馨小提示"，初步掌握游戏规则；根据游戏规则，理解移动方法和点数和的关系。

小建议：让学生先仔细阅读"算术棋的规则"，之后尝试在学具上边读边操作。为达到熟悉规则的目的，老师随意说出一个数，让学生移动与这个数相等的任何数字组合的木块。

"大显身手"目标：通过计算最后得分，初步感悟取胜策略。

小建议：①教师可引导学生计算最后得分，在比出胜负后，总结取胜要点，剩下的木块点数要尽可能小；②讨论探究发现，要得到最少的分数，必须尽可能将较大的数移走；③思考：在掷出点数和之后，如何移动木块？

小提示：教师引导学生比较"快乐参与"和"向你挑战"两种情况，分析取胜的原因，探究如何灵活运用加法运算，尽可能将较大的数移走。

"探索无限"目标：经历游戏取胜策略的探究过程，灵活运用四则运算，改造游戏规则。

小建议：①更改游戏规则，从求和扩展为可以灵活运用加法、减法，让学生根据新的游戏规则，操作实践；②让学生两人一组，先制订规则（可包含四则运算），再进行游戏，探索算术棋的更多玩法。

小提示：提醒学生"注意"，游戏前先要制订好游戏规则，确定"＋、－、×、÷"四种运算方式是否都可以用。

（本文作者：潘静怡）

例5：益智学具游戏课程"华容道"学习指南（第二册）

活动名称：华容道。

活动准备：华容道玩具若干、课件等。

活动目标：回顾"巧脱红心"的构成和游戏规则；通过自主探究和同伴互助，用逆推的方法将"红心回归"，进一步感悟游戏策略；通过探究游戏成功策略，初步培养学生的几何直观、逻辑推理、空间想象能力。

活动重点：熟悉规则，尝试完成"红心回归"。

活动难点：了解华容道典故；用逆推的思想完成"红心回归"。

活动建议如下。

"热身运动"目标：了解华容道类游戏的规则；能够独立完成"红心回归"。

"快乐参与"目标：能够看懂关键步骤。

小建议：①让学生动手操作，检查是否符合规则，观察有无学生挑战成功。成功是偶然的吗？哪一步要突破？②熟练规则后，建议2人一组，一人玩，一人观察是否符合规则；③游戏成功后，建议让学生边玩边记录下自己完成游戏的步数。

"大显身手"目标：能够完成"红心回归"。

小建议：①汇总各自成功的步骤，请学生上来演示；②提问：关键步骤你玩到了吗？③引导学生找出关键步骤，突破难点。

"探索无限"目标：尝试探索用较少的步骤完成挑战。

小建议：通过游戏，熟悉"巧脱红心"步骤，可小组讨论"巧脱红心"和"红心回归"的异同点；规则不变，有共通的步骤；逆推的方法作比较。

小提示：先看老师操作，结合自己的操作想想突破口，感悟逆推思想方法。

小链接 棋盘上共有10个大小不一的棋子，它们分别代表曹操、张飞、赵云、马超、黄忠和关羽，还有4个卒。"华容道"有几十种布阵方法，如"横刀立马""近在咫尺""过五关""水泄不通""小燕出巢"等。棋盘上仅有2个小方格空着，玩法就是通过这2个空格移动棋子，用最少的步数把曹操移出华容道。这个玩具引起过许多人的兴趣，大家都力图把移动的步数减到最少。[①]

（本文作者：唐邵俊）

---

① 崔永雄，张聪，庞旭.华容道、开窗等经典智力问题的求解算法研究[J].科技创新导报，2011(26)：2-6.

例6：益智学具游戏课程"你算我取"学习指南(第二册)

活动名称：你算我取。

活动准备：扑克牌、课件等。

活动目标：认识"你算我取"游戏的步骤，掌握玩"你算我取"的方法；通过"你算我取"的游戏训练有余数除法的计算能力；通过"你算我取"的游戏训练培养计算时认真仔细的好习惯。

活动重点：初步了解"你算我取"游戏的步骤。

活动难点：掌握游戏的奥秘，并熟练运用。

活动建议如下。

"热身运动"目标：学生观察扑克牌，将一堆牌随意分成三叠；了解游戏步骤。

"快乐参与"目标：三位同学配合完成以下4个步骤：一"分"—二"加"—三"再加"—四"记"。

小建议：①游戏步骤一"分"，是把牌随意分成三叠，而不是平均分；②游戏步骤二"加"，将手中牌数的个位与十位上的数相加；③游戏步骤三"再加"，将三位同学手中的三个答案再次相加，如果答案还是两位数，就再将十位与个位上的数相加，直到是一位数为止；④游戏步骤四"记"，把手中的牌合起来，牌面朝下叠在一起，最后答案是几就从上往下数到"几"，记住是哪张牌。⑤以上是"你算我取"的4个步骤，建议让学生先阅读、交流，增进理解，教师也可出示一些实例引导学生辨析理解。

"大显身手"目标：通过再次游戏，激发学生的学习兴趣。

小建议：①本环节教师可以做找的那个人，请三位同学进行配合；②参加游戏的学生数牌和计算的每一步让其他学生进行监督，但尽量不发声音。教师可以先回避。

"探索无限"目标：能利用除法算式正确找出那张牌。

小建议：①在知道了游戏秘密的基础上让学生利用除法算式正确找出那张牌，余数就是那张牌的正确位置。如果没有余数，除数9就是那张牌的正确位置；②对于二年级学生，只需要揭秘这个除法算式即可，至于为什么这样算可在高年级时再进行学习；③根据改变牌的总张数来激发学生进行实战演练的兴趣，在不断的游戏中强化自己的计算能力。

(本文作者：王海静)

例7:益智学具游戏课程"魔方"学习指南(第三册)

活动名称:魔方。

活动准备:"魔方"学具若干、课件等。

活动目标:了解魔方的一些相关知识,培养阅读文本的能力,看懂文本并模仿正确操作魔方;学习魔方第一层的复原方法;通过观察、尝试复原魔方的活动,提高空间想象能力、观察能力、小组合作能力及交流表达能力,对魔方产生兴趣,并有探究的欲望。

活动重点:初步认识魔方,了解魔方各部分名称及还原魔方步骤书写符号。

活动难点:探索魔方的规律并复原第一层。

活动建议如下。

"热身运动"目标:让学生观察玩具的组成,认识魔方;了解魔方的历史。

"快乐参与1"目标:能了解魔方的结构。

小建议:让学生自行阅读文本,要求能看懂并交流魔方的"角块""棱块""中间块"等专有名词。

小贴士 对于魔方,每个人都不陌生,小的时候都玩过,但即便如此,大家对于魔方还是不够了解的,一面一面地拼,不是真正的拼法,或许有人能够做到,但对于初学者来说显然是不科学的,因此我们建议用层进法。三阶魔方的还原方法很多:层进法、角先法、棱先法、桥式方法、CFOP法等。初学者大多选择层进法,特点是公式少便于理解;竞速玩家一般采用CFOP法,这种方法熟练之后可以在30秒之内将魔方的六面还原。

"快乐参与2"目标:知道并熟记魔方转动手势与书写符号,提示学生利用食指、拇指配合,提高复原魔方的速度。

小建议:在快乐参与环节,我们主要让学生了解魔方的结构,并学习用字母等方式记录旋转的步骤,为后续做铺垫。为了记录下复原的过程或公式的步骤,会用Singmaster符号来书写(由David Singmaster发明)。书写方式如下:F、B、L、R、U、D分别代表前、后、左、右、上、下层。若是顺时针旋转,则直接写上符号;若是递时钟旋转,则在符号后加上"′"。

"大显身手"目标:还原魔方第一层。还原一面,还原一层。

小建议:①了解魔方"一面"与"一层"的区别;②让学生感知用"层进法"还原魔方的步骤。

"探索无限"目标:建立顶层十字。

小建议：①三阶魔方还原第一、第二步也有书籍称它为"底棱归位"或"底部架十字"；②底层四个棱块正确复原后翻转 180 度也就是"顶层十字"，魔方底层架十字达成方法较多，可以让学生自行操作体会；③建立"顶层十字"，注意，最终对好的"十"字必须每个侧面的棱和中心是同色的；④"解决白色角块"这一步我们需要做的就是把顶层所需的四个角补齐，对于所需补齐的四个角的具体颜色可以通过相邻面的中心块来决定，由于需要补齐四个顶层角，那么这四个角必定在底层上。

（本文作者：陶佶）

例8：益智学具游戏课程"破碎的蛋"学习指南（第三册）

活动名称：破碎的蛋。

活动准备："破碎的蛋"学具。

活动目标：了解"破碎的蛋"学具的数量和特征；通过自主探究和同伴互助，利用原有的蛋型模具将破碎的蛋拼回去；通过探究游戏策略，初步培养动手能力和想象力。

活动重点：了解"破碎的蛋"学具的数量和特征。

活动难点：探索如何将打碎的蛋拼好；学生通过自主探索、动手实践等方式，发现拼蛋的诀窍。

活动建议如下。

"快乐参与"目标：会根据图示还原破碎的蛋，并能用自己语言说明还原的技巧。

小建议：建议先用自己的语言说一说，同桌之间讲一讲，再进行拼蛋小比赛。

"大显身手1"目标：了解"破碎的蛋"也叫"百鸟蛋"；能根据图示拼出各种鸟的形状。

小建议：①可以通过一个小故事来揭示"破碎的蛋"的另一个名称——"百鸟蛋"；②建议学生先独立尝试；③可参考教材中的小提示，从拼搭中进一步领悟"百鸟蛋"的由来。

"大显身手2"目标：通过剪影尝试拼出鸟类。

小建议：①学生先交流不同的块面适合拼鸟的哪个部位，再按照讨论结果来尝试拼搭，并交流；②建议在教师的引导下，同桌合作完成；③也可鼓励自主创造、拼搭。

"探索无限"目标：根据图示拼出其他动物；了解其他类型的"巧板"。

小建议：①让学生按照图示拼搭；②利用信息窗的活动让学生尝试说说其他"巧板"的特点。

（本文作者：顾兰婧）

例9：益智学具游戏课程"索马方块Ⅱ"学习指南(第三册)

活动名称：索马方块Ⅱ。

活动准备：索马方块组件、课件等。

活动目标：通过观察不同组件，感悟平面和立体形状的概念；通过观察，画出平面组件各个面的平面图形；利用四块平面组件组合不同平面图案，提高空间规划能力。

活动重点、难点：能快速区分索马方块7个组件是平面组件还是立体组件。

活动建议如下。

"热身运动"目标：探索并能画出4块平面组件不同面的图形。快速辨认索马方块，知道哪几块是平面组件，哪几块是立体组件。

"快乐参与1"目标：能模仿画出平面组件正面图、侧面图和俯视图。

小建议：①让学生从不同方向观察每一块平面组件；②从图片中找出平面组件和立体组件并说一说如何分辨；③将4块平面组件依次编号，以便后续拼搭图形；④尝试用2块、3块、4块平面组件拼出不同的图形；⑤引导学生找出用4块组件拼出长方形的多种不同拼搭方法。

"快乐参与2"目标：用4块平面组件拼出所给平面图案。

小建议：①本环节主要通过所给的平面图案观察平面组件的摆放位置和方向；②可以让学生通过不断地尝试不同摆放方法来找到正确的摆法。

小提示 建议学生拼图时，教师巡视，完成教材所给图示后，引导学生用不同摆法来拼出平面图形，并和学生交流自己的方法。

"大显身手"目标：用4块平面组件拼出所给立体图形，并尝试用所有的7块索马方块拼出立体图形。

小建议：①在"大显身手"的基础上增加难度，在没有步骤的情况下看图片摆出立体图形；②根据所给步骤用7块索马方块拼出立体图形；③用不同难度的游戏来激发学生自己创造力，促使其拼出不同图形。

（本文作者：徐卫英）

例10:益智学具游戏课程"百变正方形"学习指南(第四册)

活动名称:百变正方形。

活动准备:正方形学具若干、课件等。

活动目标:通过画一画、剪一剪、拼一拼,了解正方形可以通过剪拼得到等面积的长方形、平行四边形、梯形或三角形;尝试并探索切割正方形的多种方法,并按要求摆出图形;通过操作活动,提高空间观念,培养推理能力,让学生对图形问题产生兴趣,并有探究的欲望。

活动重点:初步感受正方形等积分割问题。

活动难点:尝试并探索切割正方形的多种方法并按要求摆出图形。

活动建议如下。

"热身运动"目标:知道这些不同的几何图形都是由一个图形演变而来的。

小建议:①让学生观察这些图形,说出这些图形的名称及特点;②借助学习小伙伴的话语,引起学生好奇心,激发其探究欲望。

"快乐参与"目标:能看懂切割正方形的方法,并正确理解连线的要求。

小建议:①让学生照着图示自己剪剪拼拼;②在拼搭成功后,交流体验,对比拼长方形和拼梯形、平行四边形及三角形的最大区别,即正方形拼成长方形必须沿中点连线剪开,而拼成梯形或平行四边形可以从正方形一条边上任意一点向对边任意一点连线(不要连垂线段)。

"大显身手"目标:能看图按要求切割正方形,并摆出正确的图形。

小贴士 ①可以让学生尝试多种取点连线的方法,并通过剪一剪、拼一拼来感受所需要拼出的图形与正方形的关系;②梯形的分割方法较为特殊:在正方形相对的边上取两个点,每个点到顶点的距离相等,两点连线,剪开,就能得到两个完全一样的梯形。

小建议:方法一,连接正方形的两条对角线,将正方形分成四个等腰直角三角形;方法二,连接正方形一组对边的中点,将正方形分成两个长方形,再连接每个长方形的一条对角线,将正方形分成四个直角三角形。

"探索无限"目标:能将一个大正方形切割成2个面积相等的小正方形。

小建议:将大正方形沿对角线切割成大小相等的4个三角形,然后用2个小三角形拼成一个小正方形。

(本文作者:陶佶)

例11：益智学具游戏课程"超级大赢家"学习指南（第四册）

活动名称：超级大赢家。

活动准备：棋子若干、课件等。

活动目标：熟悉"超级大赢家"游戏规则，愿意和小伙伴一起玩游戏；在理解游戏规则的基础上，感悟取胜诀窍，争取成为"超级大赢家"；在游戏中培养观察能力和逆向思维能力。

活动重点：能够灵活运用游戏规则和诀窍成为"超级大赢家"。

活动难点：培养学生的逆向思维能力。

活动建议如下。

"热身运动"目标：知道"超级大赢家"是一款棋类游戏；理解"超级大赢家"的游戏规则。

"快乐参与"目标：通过阅读、观察，两人一组进行游戏，感悟游戏必胜的诀窍。

小建议：①让学生先阅读学本，在理解"任意一堆取"和"两堆同时取"规则的基础上，尝试两人游戏；②在熟悉游戏规则的基础上，再次尝试游戏，边游戏边思考游戏中的诀窍；③讨论在游戏中碰到的困难和想到的解决办法；④引导学生归纳小结，即最后不能只留给对方一堆棋子，也不能留同样颗数的两堆棋子；⑤思考：有没有必胜的策略？⑥引导学生对最后一步进行思考：留给对方多少颗棋子，则不管怎么拿，己方都能获胜呢？⑦实践操作"一边留2颗，一边留1颗"是不是能保证自己获胜。⑧继续思考：如果最后一步要给对方留下(2,1)的话，倒推回去上一步该留给对方多少呢？⑨让学生两人一组通过游戏来验证(3,2)是否可行，以此类推，最后引导学生得出留给对方(5,3)即可的结论；⑩学生两人一组进行游戏，用逆推的方式找到必胜的诀窍；⑪师生一起归纳小结，即要争取先取，先从右边一堆中取出6颗，形成左边10颗、右边6颗，即(10,6)的局面，以后在拿取过程中想办法留给对方(7,4)、(5,3)、(2,1)的形式，当最后(2,1)留给对方时，己方必胜。

"大显身手"目标：灵活运用游戏规则和诀窍成为"超级大赢家"。

小建议：可由学生自由组合进行游戏；也可以进行一次淘汰形式的小竞赛，两两比拼，胜者进入下一轮，看看谁会是最后的大赢家。

"探索无限"目标：引导学生举一反三，运用"超级大赢家"游戏策略的倒推方法(逆向思维)找到"争放最后一颗棋"的游戏策略。

　　小建议:①让学生仔细阅读游戏规则,可通过实践操作帮助理解游戏规则;②学生两人一组尝试第一次游戏,然后思考怎样可以找到必胜的秘诀;③运用递推的方法找出必胜的方法;④学生两人一组正式进行游戏。

(本文作者:赵黎红)

例12：益智学具游戏课程"纸上扫雷Ⅱ"学习指南（第四册）

活动名称：纸上扫雷Ⅱ。

活动准备：电脑、课件。

活动目标：复习扫雷游戏规则；找出中心数为"3"或"4"时的地雷位置；通过扫雷的操作，从中再次探索取胜的方法，并在游戏中巩固扫雷的游戏规律；在游戏活动中学会合作和交流。

活动重点：复习扫雷游戏规则；多种方法确定地雷位置。

活动难点：找出中心数为"3"或"4"时的地雷位置。

活动建议如下。

"热身运动"目标：复习扫雷游戏各部分名称。

小建议：可采用小组汇报的形式回忆中心数、九宫格以及地雷数之间的关系。

"快乐参与1"目标：复习扫雷的游戏规则；能交叉几个中心数确定地雷在哪里。

小建议：①组内回顾交流，先从中心数为"1"时的九宫格入手，确定地雷；②交叉几个中心数为"1"的九宫格，发现若一个地雷确定后，其余"?"位置肯定不是地雷。

"快乐参与2"目标：多种方法确定地雷位置。

小建议：①确定九宫格中心数是"3"，说明九宫格中有3个地雷，已经确定有2个地雷，所以剩余这个位置是地雷；②同理，如果找到中心数是"2"的九宫格，也能确定剩余这个位置是地雷，方法不唯一。

"快乐参与3"目标：能逐步缩小范围确定地雷位置。

小建议：①剩余地雷的位置可尝试让学生独立完成；②在确定地雷后，九宫格内剩余空格可以用"×"或其他记号标记，缩小范围。

"大显身手"目标：尝试运用复习巩固扫雷的游戏方法，找出剩下的3个地雷。

小建议：①找到中心数"4"，确定九宫格，在已知3个地雷的情况下，找出剩余空格中确定是地雷的位置，插上小旗；②中心数是"2"，说明九宫格中有2个雷，九宫格中已经确定2个地雷，所以这个"?"不是地雷。

"探索无限"目标：尝试运用复习巩固扫雷的游戏方法，找出最后剩下的2个地雷。

　　小建议：①可先让学生自己独立尝试；②选择中心数为"1"或"2"时，可以发现有 3 个空格都有可能是地雷，在不确定的情况下，可以换个角度，观察旁边的中心数为"3"的九宫格，确定 3 个地雷的位置。

　　信息窗 扫雷是一款电脑游戏，大家可以点击电脑屏幕左下角的"开始"→"所有程序"→"游戏"→"扫雷"，进行扫雷游戏。

（本文作者：毛峻竝，方琴）

例13：益智学具游戏课程"抢三十"学习指南（第五册）

活动名称：抢三十。

活动准备：课件。

活动目标：掌握"抢三十"游戏规则，能和小伙伴一起玩这个游戏；在游戏中感悟取胜诀窍与除法之间的关系，能灵活运用游戏策略成功抢到"30"；在游戏中培养学生的观察能力和逆向思维能力。

活动重点：能够灵活运用游戏规则和诀窍成功抢到"30"。

活动难点：理解游戏策略与除法之间的关系，培养学生的逆向思维能力。

活动建议如下。

"热身运动"目标：知道"抢三十"是一款双人游戏，它有取胜的游戏策略；初步理解"抢三十"的游戏规则。

"快乐参与"目标：熟悉游戏规则，在双人游戏中感悟游戏取胜策略。

小建议：①可以让学生两人一组试玩游戏，熟悉游戏规则；②在熟悉游戏规则的基础上，再次尝试游戏，一边玩一边把游戏输赢结果记录下来；③观察思考游戏必胜的策略，为什么抢到27就肯定赢了？④可让学生多次推演抢到27后的各种情况，验证抢到27就必胜的结论；⑤继续思考：要抢到27必须抢到几？用逆推的方式把要抢到的数圈出来；⑥再次游戏，思考：是不是后拿的一定能赢？抢数时有没有什么诀窍？这些必须抢到的数是不是要死记硬背？⑦引导学生讨论，让对手先抢，对手抢一个数自己就抢两个数，对手抢两个数自己就抢一个数，始终与对方抢的数合成3，总结窍门；⑧探究与除法之间的关系，引出除法算式 $30 \div (1+2) = 10$。

"大显身手"目标：能灵活运用"抢三十"的游戏规则和诀窍，举一反三找到修改规则后的必胜策略。

小建议：①先让学生阅读理解修改后的游戏规则；②两人一组进行游戏，并做好游戏输赢的记录；③根据游戏记录，思考：是不是可以沿用先前找到的游戏规则？④运用逆推的方法去找一找、圈一圈按照新的游戏规则必须抢到的数；⑤根据图示归纳小结，争取先抢，抢到2，接着不管对手抢几个数，自己抢的数都要和对方抢的合成4；⑥探究与有余数除法的关系，引出算式 $30 \div (1+3) = 7 \cdots\cdots 2$，即出现余数时，要先把余数抢走。

"探索无限"目标：理解抢30输就相当于抢29赢，由此找到游戏必胜的策略。

小建议：①了解新的游戏规则，建议先独立思考必胜的策略，再两人一组做游戏，在游戏中验证自己找到的方法是否可行；②根据提示，抢到 30 输也就意味着只要抢到 29 就能赢，参考前面"抢三十"的游戏，用逆推的方法找到必胜的诀窍。

$\boxed{\text{小链接}}$ "抢三十"是我国民间的一个双人游戏，具有很强的对抗性和娱乐性。无论它的规则如何，每次可以抢 $1\sim n(n\leqslant 4$，且为整数)个数的话，用 30 除以 $n+1$，①没有余数的话，后取者有必胜策略：先取者取 x 个数，后取者取 $n+1-x$ $(x\leqslant 4$，且为整数)个数即可；②有余数的话，先取者有必胜策略：先取余数个数，仿①即可获胜！

（本文作者：赵黎红）

例14：益智学具游戏课程"九宫数独"学习指南(第五册)

活动名称：九宫数独。

活动准备：数独玩具若干、课件等。

活动目标：知道九宫数独游戏的规则，初步掌握玩"数独"的方法和技巧；通过观察、尝试等活动，提高推理能力，对数独游戏产生兴趣，并有探究的欲望；养成动手之前先动脑的好习惯。在拼摆的过程中不断尝试，克服困难，应用数独的思想解决问题。

活动重点：知道九宫数独的游戏规则，初步掌握玩数独的方法和技巧。

活动难点：探索九宫数独的规律并摆出一个完整的九宫数独。

活动建议如下。

"热身运动"目标：看懂文本，了解数独的基本元素。

"快乐参与"目标：能运用四宫数独中学习过的解题方法解决简单的九宫数独问题。

小贴士 ①水平方向的每一横行有九格，称为行(row)；垂直方向的每一纵列也有九格，称为列(column)；②数独坐标有多种标法，有横行 A～I、纵列 1～9(如中国)，也有横行 1～9、纵列 A～I(如日本)，这两种标示容易混淆，故最被广泛使用的是横行 R1～R9，纵列 C1～C9 的标示法。

小建议：本题在运用"唯一法"和"排除法"得出第 3、4、7 宫中应该填的数字为"9"之后，可采用直观法解题技巧中的"巡格法"。这样我们会发现，现在只有第 5 宫缺"9"，那么数字"9"应该填写在哪个位置呢？由于第 5 列和第 6 列有"9"了，可以得出，第 4 列、第 5 行应该填"9"。

"大显身手"目标：能合并运用多种解题方法，灵活解决简单的九宫数独问题。

小建议：第一题运用"巡格法"发现，数字"8"出现的频率比较高，可以引导学生由此入手。结合"排除法"得知，第 4 宫的"8"必定在第 2 列、第 5 行；第 9 宫的"8"必定在第 8 列、第 7 行……以此类推，填出余下的"8"。

小贴士 "巡格法"就是先找出每个九宫格中出现频率较高的数字，得出该数字在其余九宫格内的位置，属于比较直观的解题方法。但是，由于每个人的习惯不同，思维方法、切入角度也不同，因此，数独解题并没有什么最优方案，结合自己的长处选择办法才是真正的技巧。

小贴士 影响数独难度的因素很多，就题目本身而言，包括最高难度的技巧、各种技巧所用次数、是否有隐藏及隐藏的深度、广度的技巧组合、当前盘面可逻辑推导出的个数等。对于玩家而言,了解的技巧数、解题熟练程度、观察力自然也影响对一道题的判断。一般人判断难易多根据题目的提示数,如果一道题目的提示数少,那么题目就会相对较难,反之则简单。但数独谜题提示数的多寡与难易并无绝对关系,多提示数比少提示数难的情况屡见不鲜,同时也存在增加提示数之后题目反而变难的情形,即使是相同提示数(甚或相同谜题图形)也可以变化出各式各样的难度。提示数少对出题的困难度则有比较直接的影响,以20～35提示数而言,每少一个提示数,其出题难度会增加数倍,在制作谜题时,提示数在22以下就非常困难,所以常见的数独题其提示数在23～30之间。

小链接 "数独"发展到今天,出现了越来越多的变形(variants),按照规则划分则成百上千,各国的数独爱好者也不断制作出新的变形。

一般意义上,最为基础的数独规则,称为标准数独(Standard Sudoku)。而产生的解题思路和技巧,也称为标准数独技巧。下面列出最常见的几种变形。

对角线数独(Diagonal Sudoku, Sudoku-X):在标准数独规则基础上,两条大对角线的数字不重复。

迷你数独(Mini Sudoku):每个谜题都由一个在不同位置给予提示数字的4×4或6×6网格组成。游戏的目的是在空方格里填上数字1～4(对于4×4的谜题)或者1～6(对于6×6的谜题),使得每一行,每一列以及每一个宫都没有重复的数字出现。

锯齿数独(Jigsaw Sudoku):相对标准数独而言,宫变成了不规则的。玩家需在对应的锯齿方框内填入不重复的9个数或N个数,并保证横纵也不重复。

连体数独(Multi Sudoku):每个谜题都由两个或者更多的数独网格重叠组成,该网格可能是标准数独谜题也可能是混合类型的数独谜题,这些网格都由一个或多个宫重叠。游戏的目的是通过规则将每个网格的数都解出来。温馨提示,重叠的区域必须同时满足其所在网格的规则。

杀手数独(Killer Sudoku, Sum Sudoku):在标准数独规则的基础上,每个虚线框左上角的数字表示虚线框内所有数字之和,每个虚线框内数字无重复。

(本文作者:陶佶)

例15：益智学具游戏课程"纸上扫雷Ⅲ"学习指南（第五册）

活动名称：纸上扫雷Ⅲ。

活动准备：电脑、课件。

活动目标：复习扫雷游戏规则；挑战电脑扫雷游戏中的初级水平；通过电脑实战演练，巩固扫雷的游戏技巧，在竞赛中体验比赛乐趣，学会合作和交流。

活动重点：复习扫雷游戏规则；挑战电脑扫雷游戏中的初级水平。

活动难点：电脑游戏扫雷初级实战演练。

活动建议如下。

"热身运动"目标：复习扫雷游戏规则。

小建议：教师可先出示有关前几课已学的纸上扫雷的具体情况，帮助学生回忆规则。

"快乐参与1"目标：根据提示步骤进行操作，能在电脑中找到扫雷游戏。

小建议：①点击电脑屏幕左下角的"开始"→"游戏"→"扫雷"；②分别点击进入"初级""中级""高级"的游戏界面；③感知不同级别的难度，除了地雷数增多外，空格数在减少，中心数更多出现了"3""4""5"甚至"6"……

"快乐参与2"目标：挑战初级水平。

小建议：①随机进入游戏界面后，选择"初级"；②任意双击空格，点开扫雷界面；③先在中心数为"1"或"2"的九宫格中确定地雷位置，插上小旗。

"大显身手"目标：学会用"?"标记不确定的地雷位置，综合各种情况分析判断后再确定地雷位置。

小建议：①综合"3"中已确定的3个地雷，找到中心数"4"，发现无法确定未点开的2个方格中哪个是雷；②当无法确定地雷位置时，可单击鼠标右键，打上"?"；③可引导学生换个角度思考，结合右上角的中心数"3"，找到第3个地雷的位置，即其中一个"?"确定为地雷，由此可得出下一个必定不是地雷的结论。

"探索无限"目标：尝试运用复习巩固扫雷的游戏方法，进行小组比赛，看谁是"扫雷"小达人。

小建议：①可以先自我挑战，记录多次的游戏成功时间；②可改变比赛策略，如分组内比赛和小组间比赛，创设竞赛和合作交流的氛围。

（本文作者：毛峻垃，方琴）

第四章　实践路径

　　课程实施是现代课程论研究的最关键命题之一。尤其在课程变革和创新的过程中,课程实施往往成为人们关注的焦点[①]。在课程建设实践中,往往需要经历一个从"文本"到"行动"的过程,文本的制订通常涉及课程理念的厘定,课程目标的设计以及课程内容的遴选,而行动的过程则主要体现为课程实施路径的设计与策略的选择。

　　一般而言,一项新的课程改革行动或者课程研究行为启动后,其最终的表达形式是官方正式颁发的课程政策文件,如课程计划、课程标准、课程方案,它们以书面的形式存在。但是,只有当教师在教育机构里、在教学中实际执行或实施了这些文件、计划,新课程的理想或书面计划才能转化为教学实践之中的"知觉的课程"、教师"运作的课程"和学生"体验的课程"。换言之,"只有当教师在真实的教学过程中与真实的学生一起实际地实施了,计划才会变成现实。精心的设计是良好课程的必要条件,但非充足条件,如果教师没有知觉到计划的要求以及如何在教学实践中运作,那么一切都是徒劳的"[②],只能是纸上谈兵,学生无法"体验"这一课程。因此,课程在设计和组织之后,其实施就显得十分重要,这不仅是课程改革迈向成功,真正提高课程教学质量的重要条件[③],也是落实课程改革研究与行动价值的重要环节和基本方式。

　　总而言之,课程实施是拓展型课程建设的核心环节,是将课程内容转换为现实的育人成效的有效支撑。大量研究表明,很多的课程建设和课程变革方案落实到实践之后并不能完全达到课程设计者的预期,这其中很大部分的原因就是课程实施的环节出了问题。我们认为,要保证游戏化拓展型课程的有效实施,必须从教学与评价的多个维度入手,建构有效的课程实施质量保障体系。

---

　　①　杨明全.课程实施的学理分析:内涵、本质与取向[J].全球教育展望,2004(1):35-38.

　　②　Marsh C J,Willis G. Curriculum:Alternative Approaches,Ongoing Issues[M].Prentice-Hall,1999.

　　③　汪霞.课程实施:一个值得关注的问题[J].教育科学研究,2003,(3):5-8.

第一节 课程实施的取向与原则

从概念上说，课程实施就是把新的课程计划付诸实践的过程，也可以说是把书面的课程转化为具体教学实践的过程。课程实施是 20 世纪 70 年代以来兴起的一个新的课程研究领域，它源于人们对 20 世纪五六十年代美国进行的那场大规模课程改革运动的反思。当时美国投入了可观的资金用于课程开发工作，设计的许多课程改革方案，看起来的确很好，但未能获得预期成效，以失败而告终。后来美国的教育研究者发现，新的课程方案并未得到广泛采用，即使采用了，运作的程度也不够理想，课程方案中的许多因素根本就没有实施，或者在实施中走了样。正如课程专家古德莱德所说："改革很多时候被视为失败，其实不然，因为它们从来就未得到实施。"因此，人们转而开始研究课程实施的问题。课程实施研究的重点"在于考虑考察实际中发生了什么，以及哪些因素影响实施的过程"[1]。课程实施的研究，一方面要看课程方案中哪些东西在实际中执行，另一方面也要看在执行的过程中实施者做了哪些调整，以及这样的调整是否是必要和有效的。课程实施是一个复杂的系统，其中处于基础性和方向性地位的是课程实施的价值取向与基本原则，厘清小学数学益智学具类游戏化拓展型课程的实施取向与原则，是建构这一独特课程多样化实践样态的基础。

一、课程实施的价值取向

实践之中的课程实施，首先需要面对的是价值取向的厘定问题。从实践的角度看，当前课程实施受机械化、简单化、线形化等科学思维的影响，被看作线性形、机械、静态、忠实地执行课程计划的过程，缺乏应有的动态性、创造性和生成性等品质，致使我国各级各类教育改革中的课程实施存在诸多问题。其根本原因在于我们没有认识到课程实施的复杂性，而把课程实施简单化了[2]，没有从课程实施复杂性的视野树立起与之相应的合理的课程实施取向。

课程实施的取向是对课程实施过程本质的不同认识以及支配这些认识的相应的课程价值观。课程实施的取向集中表现在对课程变革计划与课程实施过程之关系的不同认识方面。根据美国课程学者辛德尔等人的研究，课程实施一般体现为忠实取向、相互适应取向和创生取向[3]。随着课程改革的深入，特别是后

---

① 马云鹏.小学数学课程实施的个案研究[J].课程·教材·教法,2000(4):2-10.
② 赵文平,于建霞.论课程实施的复杂性及其应对策略[J].教育导刊,2007(12):30-33.
③ 张华.论课程实施的涵义与基本取向[J].全球教育展望,1999(2):28-33.

现代课程观的广泛传播,对于课程实施的取向的理解也越来越丰富。对于小学数学益智学具拓展型课程的实施而言,一方面,我们希望这一课程区别于静态的讲授式课堂,倡导学生的动手参与,注重让学生在实践之中积累经验,提升综合素养,因而,强调课程实施的实践性价值;另一方面,我们希望这一课程能够很好地培养学生的学科素养,特别是能够激发学生的探究精神和欲望,在师生共同的教与学变革中不断挖掘和延伸课程的育人价值,因而,强调这一独特课程类型在实施过程中的创生取向。

(一)课程实施的实践性取向

由于课程实施是一种基于课堂教学现场的实践活动,因此,在课程改革的过程中,似乎理所当然地应该提倡一种实践取向的课程实施观。实践取向的课程实施最早由美国课程论专家施瓦布提出,他的一系列论文(《实践1:课程的语言》《实践2:择宜的艺术》《实践3:课程的转向》《实践4:课程教授要做的事情》)标志着实践取向课程观的形成。但他所指的实践取向的课程只是针对传统的"理论"的课程探究模式而提出的,缺乏对实践取向完整、具体和详细的阐述与说明。本书认为,课程实施的实践取向是指课程实施从教育现场出发,根据教育现场中发生的实际情况,作为课程实施者的教师与课程设计者展开对话、沟通与交流,在此基础上达成共识,并在教学实践活动中不断修改与完善的一种过程。在实践取向的课程实施中,教师与课程设计者都是课程实施的主体,两者都要既考虑教育现场的实际情况,又兼顾课程实施的灵活性、变通性和适宜性。任何研究人员、课程设计者如果不考察教育现场而只是根据教育理想行事,都会影响课程实施的效果。事实上,从某种程度上说,当前在我国中小学、幼儿园兴起的拓展型课程改革,就代表了这种实践取向的课程实施。对于益智化学具拓展型课程的实施而言,倡导课程实施的实践性取向,根本的价值和要求在于提倡课程设计者与课程实施者之间的理解、对话与合作。从一线实践的切身体会看,目前由专家、行政领导等制订的"自上而下"式的课程设计不利于课程设计者与实施者之间的理解与交流。在"自上而下"的课程设计中,制订课程的决策主体是高层行政部门,其运行方式是借助教育法规、文件、专家的意见或行政命令的力量来传达课程变革的决定,传递指导改革的教育思想观念。"自上而下"课程改革产生的问题是,广大教育实践工作者有没有做好变革的准备,他们能在多大程度上理解上层的课程改革意图,能在多大程度上领会专家的理论。当课程设计者只是要求教师尽可能、无条件、绝对地忠实于课程设计者的意图,力求按课程计划来实施课程,却很少关注教师是如何理解课程的时候,课程在实施过程中就会产生诸多问题。一是将课程设计者与课程实施者(即教师)对立起来,并且将课程设计者视为真理的持有者，认为课程实施者必须无条件地服从课程设计者的意图，按照课程设计者的要求与希望实施课程；二是忽视课程实施者——教师在课程开发中的能动作用，忽视教师在课程开发与发展中的贡献。这种课程设计认为，教师对某种新的课程必定是陌生的，甚至在观念、方法与教育行为上都可能与新课程的思想相抵触，因此不尊重教师在课程实施中的主观能动①。而在益智学具游戏化拓展型课程的开发和实施中，我们倡导教师直接参与的理念，提出了"人人都是课程设计者、实施者"的工作方针，建构了涵盖课程专家、教师、技术支持机构在内的多元主体共同行动的研究团队，倡导教师与课程专家的直接讨论、交流，就课程实施中遇到的困惑与问题进行深入探讨，不论是教师，还是课程专家，双方都是课程实施与开发的主人，双方都要进行相互理解、对话、合作、交流。要在双方对话的过程中，不断形成新的想法、观点，不断形成新的理解。在课程实施的过程中，我们倡导教师为学生提供实践性的仿真环境，让学生在丰富的动手操作中丰富知识，拓展能力，最终实现综合素养的不断积累和升华。

（二）课程实施的创生性取向

创生取向课程实施，简而言之，就是以课程创生作为取向的课程实施。创生就是创造并生成。创生取向课程实施具体是指在教育情境中，教师与学生根据自己的实际情况与需要，在已有知识、经验、能力、技能、智慧的基础上整合既有的课程变革计划，联合发明、建造、构谋、创造并自然生成新的教育经验的过程。这种取向认为，真正的课程是教师与学生联合创造的教育经验，课程实施本质上是在具体教育情境中创生新的教育经验的过程，既有的课程计划只是供这个经验创生过程选择的工具而已。在创生取向课程实施中，课程是教师与学生联合创造并实际体验到的经验。这种课程是情境化、人格化的。因此，课程采用、课程实施的技术化、程序化的特性就被彻底消除了，课程实施再也不是就原初的课程计划"按图索骥"的过程或稍事修改的过程，而是一个真正的创造过程。课程知识不是一件产品或一个事件，而是"一个不断前进的过程"，是一种"人格的建构"。创生取向课程实施把课程变革、课程实施视为教师与学生在具体教育实践情境中创造和开发自己的课程的过程，视为教师与学生个性成长和完善的过程，充分突出教师与学生在课程变革中的创造性和主体性，强调个性自由和解放，其本质上是受"解放理性"支配的。由于它所关注的是具体教育情境中师生的主体存在、意义诠释和课程创生，因此，创生取向课程实施的根本性质，或者说其各构

---

① 姜勇.实践取向的课程实施刍议[J].比较教育研究,2002(6):40-43.

成要素之间的内在联系是"经验创生"①。

从实践的角度看,我们倡导益智学具游戏化拓展型课程实施的创生取向,根本的价值和要求在于实现课程对于不同学生的关照,彰显师生对于课程自主选择、自主建构的权益。在创生取向课程实施的视野中,具体情境中的每位教师与学生的知识基础、经验、情感、态度、兴趣、爱好都是不同的,他们所需要的、真正适合他们身心发展的课程也是不一样的。真正适合他们的课程不是一成不变的事先已经编制的绝对、权威的课程,而是要针对性地形成他们自己的课程。为了使他们得以最优发展,必须创生他们自己的课程。因此,在课程实施中,教师和学生必须根据自己的兴趣、爱好、思想、情感、思维对既定的课程计划进行创造并生成真正属于自己的、适合自己实际需要的教育经验。已经编制好的课程是供他们选用创生课程的材料而已,原来已经编制好的课程只有被他们选用才有价值,否则这种课程是无效的②。在益智学具游戏化拓展型课程的实施过程中,我们尽管设计了相对固定的课程实施环节,也提供了每一环节相对应的学习内容,但无论是在内容的选择上,还是在问题的设计上,我们都针对性地预留了相应的空间。我们希望师生在课程实施的过程中能够根据实际情况对课程的相关内容和要求进行必要的转化,融入结合学生实际情况特别是学习需求的个性化设计,最终使得这一课程的实施在具体实践情境中创生出的教育经验融入他们自己的兴趣、情感、思想、智慧,从而对学生产生真正的影响,使他们得到有效发展。

二、课程实施的基本原则

课程实施是一项兼具科学性与艺术性的活动,除了明确课程实施的基本价值取向之外,还应该有相对明确的课程实施原则设计。基于这样的认识,我们在研究的过程中,针对性地对游戏化拓展型课程的实施原则进行了整体性的设计,形成了四个方面的具体原则。

(1)趣味性原则。数学活动中,寓教于乐有助于激发学生的学习兴趣,这是符合儿童年龄特征和心理特点的。我们通过游戏的形式,让学生感受到数学的无穷趣味。

(2)实践性原则。实践是指在活动中,注重学生自主参与、全过程参与,重视学生积极动脑、动手、动口。苏霍姆林斯基说过,"儿童的智慧就在他的手指尖上"。好动是孩子的天性,同时,通过实践操作又可以启迪儿童的智慧。通过实

① 邓晶晶.创生取向课程实施的本质、失范与规范[J].课程教学研究,2013(5):16-19.
② 韦冬余,吴义昌.创生取向课程实施:本质与涵义[J].天津市教科院学报,2010(1):21-23.

践活动，让小学生在动手和动脑的过程中，发展他们的思维能力。

（3）指导性原则。教师在实施活动时应特别关注，在经历具体的"综合与实践"问题的过程中，引导学生体验如何发现问题，如何选择适合自己完成的问题，如何设计解决问题。

（4）发展性原则。培养学生良好的数学学科素养，是数学教学要达到的重要目标之一，尤其在拓展型课程内容的设计上，有步骤地渗透数学思想方法，让学生通过观察、操作、实验、猜测、推理与交流等活动，感受数学思想方法的奇妙与作用，逐步形成有序严密地思考问题的意识，形成敢于质疑、不怕困难的良好学习品质。

第二节　课程实施的路径与方法

课程实施是一个前后关联的动态过程，无论是在课程变革的时期，还是在变革之后相对稳定的一段时期，都是至关重要的。因此，对课程实施本质的理解应超越单纯的课程变革视角以及课程开发视角，揭示出该术语内在的意义。我们认为，课程实施在本质上是一个行动的过程，通过这一过程要将观念形态的课程转化为学生所接受的课程从而实现课程内在的教育意义。实际上，近年来国外学者对课程实施的理解也正折射出该术语的这种本质。例如，美国学者奥恩斯坦等人指出："课程实施是一个'做'（doing）的过程，它致力于改变学习者个体的知识、行为和态度。它是一个创造课程方案者和传递课程方案者之间的互动的过程。"[1]由此，课程实施在本质上既涵盖了将新的课程方案付诸实践的过程，又涵盖了将新课程制度化、推行课程计划的过程。前者需要教育行政人员、专家和教师等各种群体的共同努力，后者则要靠教师发挥主体性，由教师将课程落实到实际的教学的层面。从实践的角度看，课程实施的有效方法设计是将课程理念、课程内容转化为实际的课程成效的桥梁和抓手，具有更为直观的价值。因此，相较于实施价值取向和基本原则的探讨，我们将更多的精力用在了课程具体实施方法和路径的设计之上。

一、课程教学方法的概述

任何课程的实施，都要有相应的教学方法作为支撑。教学方法各种各样，如

---

[1]　Ornstein A C, Hunkins F P. Curriculum: Foundations, Principles, and Issues[M].Boston: Allyn and Bacon, 1998.

何选择,首先涉及一个教学的价值观问题,从根本上说,有什么样的教学价值观,就会形成与之相应的不同的教学方法。叶澜教授指出,当代中国基础教育中教学价值观的重建,必须重新认识教学在育人中的价值,以及为培养怎样的人服务的问题。其所倡导的"新基础教育"形成的教学共通价值观的核心理念是:当前我国基础教育中课堂教学的价值观需要从单一地传递教科书上呈现的现成知识,转为培养能在当代社会中实现主动、健康发展的一代新人。在叶澜教授看来,学科、书本知识在课堂教学中是"育人"的资源与手段,服务于"育人"这一根本目的。"教书"与"育人"不是两件事,是一件事的不同方面。在教学中,教师实际上通过"教书"实现"育人",要教好书就要先明白育什么样的人,只关注现成知识传递价值的教师,实际上是在"育"以被动接受适应、服从、执行他人思想与意志为基本生存方式的人。青少年学生内在于生命中的主动精神和探索欲望,在这样的课堂教学中常常受压抑,甚至被磨灭。这种情况不改变,教育将成为阻碍社会和个人发展的消极力量。由此,今日中国的中小学教育,应把形成学生主动、健康发展的意识与能力作为核心价值,在教育的一切活动中都要体现这一价值[①]。为了实现这样的价值,当下的教学改革,特别注重教与学方法的转型与创新,这一基本理念实际上也为"益智学具"游戏化拓展型课程实施中的教学方法选择提供了基本的遵循。

在我们看来,课堂之中的教与学方式不仅体现出课程教学改革的整体情况,还直接决定课程实施的质量。新课程改革以来,教学组织形式的变革始终是一个焦点式问题,对于游戏化的拓展型课程而言,我们更希望通过丰富多样的教学形态支撑学生多元能力培养的需要。其一,我们注重在教学过程中让学生自主选择学习方法与主动探究。益智课程的魅力在于"一题多解"的思路与方法,这一特点恰好与学生探究精神的培养相契合,让学生根据实际情况灵活选择学习方式和问题解决的方式,正是在无形之中对学生思维品质、探究精神、创新意识等进行培养的有效方式。例如在玩夺王游戏时,可以用正推、逆推、化归思想等多种思路来玩这个游戏,培养学生的发散思维,跳出思维的墙,在玩的过程中主动探究玩法的最优化,从而用最优策略去玩这个游戏。益智课程中每个游戏的玩法多种多样,但都蕴藏着最优策略,需要学生去猜测、实践、探究、验证。其二,我们注重小组合作和协同教学的综合运用。在益智课程学习中,根据课程内容组成的合作小组发挥了重要作用。如在"汉诺塔"的活动中,一人玩,另一人监督其有没有遵守游戏规则,并数出伙伴所用的步骤数。夺王游戏中,两人竞赛看谁

---

① 叶澜.重建课堂教学价值观[J].教育研究,2002(5):3-7,16.

能抢到最后一颗夺王棋子等。益智课程的教学过程中，安排一位主讲老师启发孩子的思维，讲授游戏规则，在孩子们玩的时候另安排一位辅导老师在各个小组中辅助教学，当孩子们毫无头绪时，他会给予提示，在孩子们得意洋洋时，他会表扬并向他发起挑战。孩子们很喜欢这样的协同教学。

二、课程教学案例的呈现

案例是课程与教学改革中的常见词汇，其在教改过程中的盛行，一方面源于教师工作和成长的实践属性，另一方面源于案例本身的多维价值。通常而言，教师的教育经验是在特定的学校场景和专业实践中通过亲历与习得、观摩与感受、践履与领悟而逐步获得和积累的，因此，它常常与教师所处的局部环境、独有境遇和主观认识密切相关，这种独特属性意味着案例可以成为教师的重要成长方式。一般认为，教育案例是典型的教育事件，是一个教育情境的故事，它常常由教师以叙事的方式表述自己具有代表性的教育实践过程。从概念上说，"案例"是广泛应用于医疗、教育、管理等领域的资源；教师教育中案例研修具有代表性和典型性，可为其他人提供启发和借鉴。案例研究曾被美国卡耐基工作组推崇为教师教育的核心。按照美国著名心理学家舒尔曼的分析，案例既可以是教师个人专业学习的基础，又可以变为教育团体的经验。案例研究联结理论与实践，揭示人在复杂的认知活动中应用高层次决策技能的途径；而案例作为教学手段和方法，它把问题带给学习者，要求他们在道德上作出判定，在实际行动中接近理论，通过案例储存、交换、重组他们的经验[①]。鉴于案例和案例研修的重要价值，本部分的论述尝试呈现我校教师在小学数学益智学具游戏化拓展型课程开发设计中撰写的典型教学案例，既体现学校在益智学具游戏化拓展型课程实施中的具体方法运用，也让这一研究产生更多的借鉴与辐射价值。

案例1　"汉诺塔"教学

一、案例背景

自然界的绿色是健康、生机、活力的象征，那么"绿色生态理念"应该是"以人为本"、充满活力与生机、教与学达到高度和谐的思想理念。绿色课堂则是师生焕发生命活力的绿洲，是师生发展智力形成能力的重要场所。老师们在宽松和

---

① 谭文丽.案例研修的特点、优势和科学运用[J].中小学教师培训,2019(10):15-17.

谐的课堂气氛中愉快地教学,享受传授知识的快乐。学生们在课堂上,积极参与,自主探究,形成交流与合作,在充满人文气息的课堂上,得到积极、健康、和谐的发展。

目前,义务教育各学段尚缺乏系统的"数学思维实验室"课程方案供学校参考、使用。为了科学、高效、合理地设计与配置"数学实验室",让每个小学生都能获益于数学实验课程,提高综合素质,我校引入了数学创新益智课程。数学实验室的课程内容是以学生在常规数学学习中学得的基本知识、形成的基本能力以及日常生活或经历为基础的,通过数学实验发展应用意识和创新意识形成以自己发现和提出问题为基础的学习能力,提升思考水平。数学实验内容贴近学生的实际,以独立思考、动手操作、追求深度思考为基本学习形式,打造绿色生态课堂。

在益智课程的开发过程中我校引进了一批"益智学具"。以"益智学具"为载体、游戏活动为主要形式的小学数学益智拓展型课程学习,促进了学生能力的发展,发展提高了的学科素养。

这样的绿色生态理念背后,让学生在面对生活中的困难和复杂环境时,使用"跳出固定思维"的创新思维方法解决问题,使学生在充满乐趣和享受的方式中学习。

二、案例描述

在拓展型课程的实施过程中,以三年级"汉诺塔"这节益智游戏课为例,我制定了以下教学目标。

(1) 经历汉诺塔秘密的探索过程,积累探究性活动经验,初步体验、感悟数学转化思想方法。

(2) 经历同桌合作,小组讨论等活动,感受汉诺塔游戏带来的乐趣,体会与人合作、沟通交流的快乐。

教学重点:积累探究性活动经验,初步体验、感悟数学转化思想方法。

教学重点:掌握汉诺塔的游戏方法,在移动前三层汉诺塔的过程中,发现层数和柱子间的规律,通过对比观察三层和四层的移动过程,发现柱子的中转功能;能够运用规律成功移动四层汉诺塔,并尝试挑战五层汉诺塔。

板块一:热身运动

对熟悉的益智玩具进行新的探索,激发学生的学习兴趣,从简单的三层开始,逐步拓展到高层数玩法。

板块二:快乐参与

设计出能够引发学生好奇心和兴趣的教学过程，拉近师生之间的距离，使他们乐学、爱学，为绿色生态课堂教学创造条件。

板块三：大显身手

"玩"，是儿童的天性。通过"玩"来激发他们求知的欲望、培养他们思维的品质、提高他们动手操作的能力，使他们在"玩"的过程中自由、快乐地学习和探索。

板块四：探索无限

在"玩"的同时，发现游戏的本质，进一步激发研究高级玩法的兴趣，为下一节课做铺垫。

三、案例分析

实施绿色生态教育，创建绿色高效课堂。营造良好的教育环境，要求我们提供给学生顺利成长所需的"生态和谐"的育人土壤，使课堂充满绿色——生命的本色；绿色是学生情感、智慧、人格成长的阳光雨露，课堂是师生生命的绿洲，能给人以生机和希望。因此，加快新课程要从绿色教育开始，努力寻找生命成长与发展的轨迹，构建一个轻松、愉快、活跃的学习环境，让学生拥有绿色人生。

（一）兴趣是构建绿色生态课堂教学的前提——开发绿色课程资源，化平淡为神奇

在新课程实施的过程中，教师不是被动地采用新课程，而是主动地实施和创建课程。因此，作为数学教师，要有一双发现的眼，一颗灵动的心，一个善思的头脑，以学生为本，合理地挖掘和开发课程资源，不断为学生播撒发展的种子。

"汉诺塔"虽然是数学教学以外的知识，但它所蕴含的思维价值值得教师去进一步挖掘和开发。因此我充分挖掘其中隐含着的活动、探索、开放的因素，经过精心打磨，将看似平淡无奇的题目，绽放出迷人的光芒。

（1）课前创设故事情境，做到疑趣相生。

"学源于思，思源于疑"，"小疑则小进，大疑则大进"。因此，根据小学生好奇、好胜的个性特征，我从问题的历史渊源出发，通过讲述神话故事的形式，在新课伊始就将学生带入充满悬念和趣味的情境中，使数学问题的强大磁场辐射到每个孩子的心灵，在他们心底萌生出对未知的期盼，达到疑趣相生。

（2）课中安排规律探究，做到知趣相融。

思维的发展和提升是数学教学之根本。数学教学若缺失了思维的含量，便犹如没有灵魂的躯壳。因此，我竭力探寻游戏中蕴含的数学规律，作为本课教学的核心。在探究环节，从1、2、3小数目开始，到4、5，直至引导盘移动次数间的规律，无一不蕴藏着数学的思考和方法。这一环节的设计，让原本单薄的教学顿时

变得丰满起来。学生在体验探究乐趣的同时,也能收获知识,达到知趣相融。

通过以上两方面的扩充,最终实现了绿色课程资源价值的"超水平发挥"。

(二)学生是构建绿色生态课堂教学的主体——引领动手操作,化抽象为形象

"人的思维是从动作开始的,切断了动作和思维的联系,思维就得不到发展。"汉诺塔游戏,其圆盘移动的变化过程是相当抽象的。小学生若脱离了直观具体的媒介,光凭想象理解是极其困难的。因此,我在教学中积极创设学生从事活动的条件和机会,每两个学生提供一副学具,让他们通过移一移、画一画等动手操作活动,获得充分的感性认识,变抽象为形象。针对学生玩盘移动过程中,表象稍纵即逝的情况,我引领学生用形象的图示来记录"一路行来"的"足迹",帮助学生紧紧"抓"住其一闪而过的"灵感",做到"有规可循,有话可说"。

通过以上一系列动手又动脑的操作活动,既有效地突破了教学难点,也培养了学生的自主探究精神,发展了他们的思维能力。

(三)互动是构建绿色生态课堂教学的方法——构建对话课堂,化单向为多向

"水尝无华,相荡乃成涟漪;石本无火,相击始发灵光。"思维的激活、灵性的喷发源于对话的启迪、碰撞。新型的数学课堂不再只是师生单向、打乒乓式的交流,更多的应是生生之间互动、智慧的对话。因此,课堂上教师要尽量为学生搭建平等、自由对话的舞台,让学生在舞台上尽情交流、张扬个性。课堂上我尽量做到:思路让学生讲,疑难让学生解,错误让学生析。学生拥有了更多的发言权和交流权。学生们以"敞开""倾听"和"分享"的态度,在平等、尊重的基础上真诚对话,共同提高。

在活动中,当有学生出现错误思路时,总有学生温馨提醒:你忘记(或违反)游戏规则了;当学生无奈地向同伴诉说他的"违规"做法实在迫不得已时,学生又诚恳地将方法与他交流;当发现了圆盘移动的相关规律时,大家都兴奋不已,相互诉说,分享成功……

在平等对话的课堂氛围中,学生们在多向的交流中,思维不断得以碰撞,智慧不断得以升华。

(四)发展是构建绿色生态课堂教学的目的——鼓励课外拓展,化有限为无限

35分钟的课虽已结束,但学生的学习热情还在燃烧。为了将学习活动进行到底,让数学的魅力不断延续,课后我又向学生推荐了一些游戏网址,将学生原本有限的学习空间和时间进一步拓展引申,让学生的思维在无限、自由的天地里

尽情飞翔，让智慧数学永远浸润学生的心田。

四、体会与思考

课已尽，而孩子们却意犹未尽。"这节课太好玩了！游戏真迷人！""老师，汉诺塔游戏网址我还没记下来……"教室里到处洋溢着欢快的声音。

这是一节充满趣味的课，这是一节充满活力的课，这是一节充满智慧的课，更是一节散发着数学魅力的课。它以活动为中心，以合作探究为主要形式，以学生的思维发展为主旨，让学生在活动中体验、在活动中感悟、在活动中发展。

"绿色"的学习环境为学生建立了良好的氛围；"主动"的学习态度为学生能力的提高奠定了基础；而"绿色""主动"的目的在于"发展"。"发展性"是衡量课堂教学是否体现素质教育的重要标志，通过课堂教学形成教师爱教、会教，学生爱学、会学的良性循环。[①]

在课堂教学中，要构建绿色生态的课堂教学，我们就要充分抓好兴趣、学生、互动、发展等几个环节，抓住了这几个环节也就抓住了绿色生态课堂教学的关键。绿色生态课堂是理想中的课堂，也是教学的新境界。作为一名教师，如能真正与学生一道走进绿色生态课堂，在绿色生态课堂中徜徉，就能真正享受到教学的诗意与真谛。

（本案例作者：唐邵俊）

案例2 "幻方"教学

一、案例背景

现代数学的重要特征，就是课堂以生为本，教学以学为本，教育以人为本，面向学生个性化、多样化的学习和发展需求因材施教，促进学生潜能释放。在此基础上，按照"自主、合作、探究"学习方式的要求，秉持绿色生态教育理念，尊重生命，尊重规律，尊重差异。本文以小学数学课程为载体，积极探索培育学生数学素养行之有效的实现形式。通过运用学具进行游戏化的活动来激趣促能，发展每个孩子的优势潜能。

"以趣促能——小学数学益智学具游戏化拓展型课程的开发与实践研究"是我校数学组现阶段研究的课题，我们选中的这套益智学具共有50种，在初步运

---

① 高玉玲.数学教学的关键——和谐、主动、发展[J].赤子(中旬),2014(3):82.

用学具的过程中,我们发现不仅拓展课可以用,数学课堂也可以用。"幻方"这节课就是沪教版数学二年级教材第一学期第六单元"数学广场"里的教学内容,是在学生掌握 20 以内进位加法和退位减法的基础上学习的,这里的幻方指的是三阶幻方。这节课我们要用到的益智学具是"数字魔方"。

在课前我们邀请了部分三年级的学生,请他们用 1～9 的数字在"数字魔方"里摆一个幻方。结果发现失败率很高,因为他们当时的学习靠的是死记规律,到了三年级大部分知识已经遗忘了。有的学生对"5"在中间记得特别牢,但其他的都没有头绪了。

我们在三年级又做了一次幻方诊断,共收到诊断卷 159 份。

见下图,你认为它是幻方吗? 是请打"√",不是打"×"。

3	2	7
8	4	0
1	6	5

这一题正确率是 47%,错误率是 53%。于是针对这一题我们对学生进行了访谈。通过访谈我们发现,学生把用 1～9 构成的幻方规律当成了所有三阶幻方的规律。

认识幻方仅仅就是找出 1～9 幻方的规律吗? 基于这样的思考,我们尝试设计一节课通过益智学具的游戏活动、让学生自己构建出 1～9 的幻方,探索幻方的本质。

二、案例描述

(一)探究

挑战一:摆出一个 15

(1) PPT 出示挑战规则:从 1～9 中选出 3 个数,摆在一条线上,和为 15。

(2) 交流汇报符合和为 15 的各自不同的摆法。

(3) 根据不同的摆法引出行、列、斜行。

(4) 说说自己是怎么摆的(第几行或第几列)。

评价

①能读懂挑战规则得一颗五角星。

②挑战成功再得一颗五角星(评价表上打"√")。

挑战二:摆出 2 个 15

(1) PPT 出示挑战规则：①摆出 2 条线，使每条线上的和都是 15；②同桌检验是否正确。

(2) 交流汇报：①用 6 个数摆出 2 个和为 15 的线段；②用 5 个数摆出 2 个和为 15 的线段，为什么只用了 5 个数？交流不同摆法引出角数、边数和中心数。

评价

①挑战成功的得两颗五角星。

②经过调整成功的得一颗五角星。

挑战三：哪一组摆出的 15 多

(1) PPT 出示挑战规则：①4 人一小组；

②摆出线段上的和为 15 最多的小组获胜；

③把摆出的算式记录下来。

(2) 小组汇报

预设一：最多 4 个 15

交流摆出交叉的 4 个算式的小组，根据汇报 PPT 出示 4 个算式：1+5+9、2+5+8、3+5+7、4+5+6。

引导学生从算式入手，5 用到了 4 次，放在中心数的位置上。

预设二：最多 5(6、7)个 15

①选出最多的几组找出共同点：5 在中间

②和为 15 的算式还有哪些不同的组合，小组讨论并记录下来。

③观察数字魔方图，还有哪些位置可以重复放多次？（角上）

PPT 提示从算式中找出使用 3 次的数(2、4、6、8)

④板书放置 5、2、4、6、8，2 和 4 放在一条线段上可不可以，为什么？

⑤把这 5 个数放入数字魔方中。

评价

小组评：摆出最多 15 的小组得 3 颗五角星，其他小组得 2 颗。

师评：给摆出最多 15 的小组成员贴上大拇指。（组长发）

挑战四：摆出 8 个 15

(1) PPT 出示挑战规则：①终极大挑战，同桌合作摆出 8 条线段，和都为 15；

②挑战成功者交流汇报；

③检验是否正确，渗透检验方法，只要有一条线段上的和不是 15，其他的就不再需要检验。

(2) 同桌互评：①能摆出 8 个 15 得 3 颗五角星；

②通过调整摆出 8 个 15 得 2 颗五角星;

③能同桌互相合作摆放得 1 颗五角星。

(3) 总结归纳:每行、每列、每条对角线上的数之和相等的数字魔方,我们也称为幻方。(板书课题)

(二) 练习巩固

(1) 自我挑战,独立摆出幻方。

(2) 判断是否幻方。

评价(自评):①能独立摆出幻方得 2 颗五角星;

②通过调整摆出幻方得 1 颗五角星。

(三) 拓展

今天我们用数字 1~9 摆出了幻方,请同学们回家试着摆出数字 0~8 的幻方。

思考:这次每行、每列、每斜行上的数之和是 12,那么中心数会是几呢? 还会是 5 吗?

三、案例分析

本节课利用益智学具设计了四次挑战游戏。

挑战一:从 1~9 中选出 3 个数,在数字魔方中摆在一条线上,要求和为 15。通过这个挑战主要解决、列、斜行的问题。

挑战二:在数字魔方中摆出 2 条线,使每条线上的和都是 15。在摆的过程中,有的学生会用 6 个数,有的学生会用 5 个数。学生们会发现用了 5 个数的其中有一个数用到了 2 次。由此,在老师的引导下初步认识角数、边数和中心数。

挑战三:小组合作,比一比哪一组摆出的 15 多。学生可能摆出 4 个、5 个甚至更多。我们从 8 个算式入手,会发现 5 用到了 4 次,所以应该放在中心数的位置上。通过观察数字魔方,还会发现角上的位置被共用了 3 次,有了上面中心数的迁移学生会从算式中找出使用 3 次的数 2、4、6、8,并确定使用 3 次的数要放在角上。

挑战四:独立摆 8 个 15。由于已经确定了中心数和角数,经过细微的调整,学生会比较顺利地摆出 8 个 15。这时我们总结归纳,即每行、每列、每斜行上的数之和相等的数字魔方,也称为幻方。

延伸作业,让学生尝试用 0~8 来摆一个幻方,告诉学生这次每行、每列、每斜行上的数之和是 12 了,那么中心数会是几呢? 还会是 5 吗? 答案是否定的。

这节课我们主要是呈现一个构建幻方的思维过程。利用益智学具,数形结合，"以形助数"。学生不会再非常机械地认为幻方中间一定是 5，和一定是 15……他们通过自己一步步的分层探究得出：用了 4 次的数放中间，用了 3 次的数放角上，每行、每列、每斜行上的数之和相等就是幻方。

四、体会与思考

（一）注重学情分析

学情分析是教学策略选择和教学活动设计的落脚点，没有学情分析的教学策略往往是教师一厢情愿的自我表演；任何讲解、操作、练习、合作都很可能难以落实。

在课前我邀请了部分三年级的学生，因为他们在二年级的时候已学过幻方，所以直接请他们用 1～9 在数字魔方中摆一个幻方，可是发现失败率非常高。于是在三年级又做了一次幻方诊断，共收到诊断卷 159 份，在此基础上对部分学生进行了访谈。我发现在以往的教学中更多的是让学生从"洛书"上来认识幻方，直接给出一个完整的幻方让学生发现规律、感受和是 15 的幻方，然后运用特征解决问题。学生当时的学习靠的是死记规律，到了三年级大部分知识已经遗忘了，而且他们是把用 1～9 构成的幻方规律当成了所有三阶幻方的规律。

通过学情分析，我将本节课的教学维度设在"活动操作，构建幻方"，培养数感，通过数形结合和学具的使用，让学生在实际操作中自主尝试并逐层构建幻方，让学生在一次次的尝试、调整中感受并挖掘幻方的本质特征。这节课从关注学生基本知识和基本技能的学习逐步转移到注重学生基本活动经验的积累和基本思想方法的渗透，关注学生核心素养的培养和思维导向的生成。

（二）注重问题设计的有效性

问题设计有效性是指教师提出的问题能使人产生一种怀疑、困惑、探索的心理状态，这种心理又驱使学生积极思维，不断提出问题和解决问题，使学生通过课堂教学这一媒体，在教师的引导下，在学习中有了具体的收获、提高和进步。具体表现在学生的知识和能力、数学思考、问题解决、情感态度和价值观四方面得到协调发展，在认知上从不懂到懂，从少知到多知；在能力上，从不会到会，从生疏到熟练；在情感上，从不喜欢到喜欢，从不热爱到热爱。[1]

课堂提问是组织课堂教学的中心环节，对学生掌握创造方法具有决定作用。同一个问题，不同的问法就会呈现不同的导向。举例如下。第一，原问题："这个

---

[1] 蒋丽芳.基于儿童立场的小学数学教学问题优化设计研究[J].教学管理与教育研究,2020(1):67-68.

'5'出现几次？'5'放在数字魔方的哪个位置比较合适呢？"改成："在这个数字魔方中，哪个位置上的数用了 4 次？为什么？说说你的理由。"对比这两种问题的设计，实质导向上有本质的不同。原来的问题关注的是"5"在哪里，容易造成定向思维；而新问题关注的是"5"出现的次数，抓住了幻方的本质特征(用了 4 次的数是中心数)。第二，原问题："'9'填好后，'9'的对面填几？"改成："'9'填好后，接下来还有 3 个位置，你准备怎么填？说说理由。"对比两种问题的设计，前者关注结果，固定了思路，学生是被"牵着走"；后者则是关注过程，开放了思路，促进了学生自主思考。本节课我们通过不断地试教、磨课，针对教材中的重点、难点和关键以及学生的实际情况，在学生思维的关键点上提出了有效的问题。注重问题设计的有效性，不仅能促进学生健康、主动地发展，也能促进教师专业化成长。

（三）注重学具操作

操作和观察是小学生获得数学知识的重要途径，特别是那些抽象水平较高的数学知识，学生更需要通过看一看、摸一摸、摆一摆等直观感知活动去实现对它们的理解和掌握。这是小学生自身年龄特征，特别是思维特点对学习方式的客观制约，正是这种客观制约性决定了小学生的数学学习离不开操作感知的学习策略。[①]

"幻方"的知识对于二年级学生来说是比较抽象、难理解的，是一个全新的数学问题。本节课的一大亮点就是学具的使用，让学生改变了以往在纸上画画填填的模式，懂得借助学具直观的观察并进行调整。学具的使用为探究活动提供了条件。整节课中，学生成了"探究者"，"数字魔方"也变成了他们手中的"智慧匣子"，学生的思维火花在不同的操作中得以绽放。

（本案例作者：王海静）

案例3　"九宫数独"教学

一、案例背景

2016 年初，我校从北京凌伊动力教育科技有限公司引进了一批"益智学具"，该学具源自以色列思维实验室开发的创新教育课程，我们以"游戏活动"的形式将"益智学具"运用到学校的拓展型课程学习中。在实践中，我们发现学生在运

---

① 王昊晶.中小学数学学习的衔接[J].中国教育技术装备,2011(34):160.

用"益智学具"开展游戏的过程中，动手、动脑、主动探索的欲望强烈，相互合作、共同探讨的行为随时发生，他们享受这种过程，并乐意互相共享经验、互相谦让理解、共同解决问题。基于这些引发了我们对"益智学具"的深入思考和研究，成立了以数学教师为主要成员的核心团队，开发了以益智学具为重要载体，以游戏活动为主要形式的小学数学益智拓展型课程，促进了学生能力的发展，提升了学生的学科素养。

2017学年第一学期，我尝试在兴趣小组中开设数独兴趣组。"数独"一词来自日语，意思是"单独的数字"或"只出现一次的数字"。概括来说，它就是一种填数字游戏，这种游戏只需要逻辑思维能力，与数字运算无关，虽然玩法简单，但数字排列方式千变万化，因此不少教育者认为数独是锻炼大脑的好方法。我们运用"益智学具"中的"四宫数独"以及"九宫数独"学具，在游戏中让学生对数字的运用产生灵活的思维模式。通过游戏让同学们知道数学不是那么枯燥难懂，而是一个很美妙的学科。每个数字都有它独特的魅力，我们要让学生从枯燥地完成一道题变成欣赏一道数学题，发展他们的思维能力。

因此，我制订了以下教学目标。

（1）通过观察、分析等活动，让学生用推理解决一些简单游戏中的数学问题，从而经历稍复杂的推理过程。

（2）让学生在推理的过程中不断尝试、调整，进一步体验推理的作用。

（3）在简单推理的过程中，培养观察、分析、推理和有条理地进行数学表达的能力，让学生学会有序、全面地思考问题。

教学重点：运用观察、排除、猜测等方法推算出所在方位的数字是几。

教学难点：培养分析、推理的思维过程，提升思考的有序性和全面性。

二、案例描述

板块一：热身运动

设计意图：根据学生的年龄特点，以简单的四宫数独为切入点，认识数独，理解数独的规则，为后面利用推理解决按要求在方格内填数的问题做好铺垫。

板块二：快乐参与

设计意图：引导学生认真观察，通过适当的启发，让学生在自主尝试、调整的过程中解决问题。学生经历困惑、失败的过程，更能体会到成功的喜悦，并在潜移默化中积累推理的经验。这也有利于培养他们有序、全面地思考问题的能力，有条理地进行数学表达。

板块三：大显身手

设计意图:通过练习,考查学生对新知的掌握情况及应用能力,并让学生在练习中感知"规律"的普遍存在。培养学生有序、全面思考问题的意识,提升学生思维的灵活性。

板块四:探索无限

设计意图:给予学生更多的知识点,激起他们的求知欲望,让他们对数独的知识产生更大的兴趣,为进一步探索做好铺垫。

三、案例分析

我校的游戏化课程以"可持续发展的教育"为设计理念,以激发学生兴趣为目标,根据学生身心发展特征和年龄特点,在学生的认知发展水平和已有的知识经验基础之上,提供充分的游戏活动机会,帮助他们在自主探索和合作交流的过程中,理解和掌握一定的数学思想和方法,促进学生小学数学核心素养的形成。

第一,通过游戏活动,激发学生学习数学的兴趣,帮助他们建立自信心,体会学习的乐趣和成功的喜悦,增强学习数学的动力。

对于学生而言,数学是一门比较枯燥且难度较高的学科,很多孩子望而生畏,我们力求从游戏入手,为学生提供他们喜爱的游戏情境,为他们创造宽松愉悦、活泼动感的学习环境。"数独"游戏规则简单,入门容易,七八岁的孩子就可以理解其规则。数学活动中,寓教于乐的游戏有助于激发学生的学习兴趣,又有益于提高学生学校学科学习的积极性。也符合了儿童年龄的特征和心理特点。

第二,通过游戏活动,让学生在玩中学,做中学,促进了学生数学思维、观察能力、创新品质、实践能力的提升。

(1)培养学生的观察力。一个数独是由行、列、宫组成的,其本身的规则就决定了要完成这个游戏,就要行、列和宫交错观察,综合运用唯一法、排除法等,这无形中就培养了学生的观察力。

(2)培养学生的"数感"。数独是由纯数字组成的,共81(9×9)个数字,这个量还是比较大的。要快速解决一个数独题目,就要对数字有足够的敏感性,这也是核心素养中所说的"数感",而培养小学生的"数感"是低学段教学的重点,做数独题可以提高孩子对数字的敏感性,辅助学生对于学科知识的学习。

(3)培养学生的逻辑性。解决一道数独题,不仅仅是用一种解法,而是要多种解法交替使用,从简单到复杂,从复杂再到简单,可以想象,这种循环肯定需要一定的逻辑性。

(4)培养学生的注意力。为了完成一道数独题,相当长一段时间学生要全神贯注,注意力集中不能够分心,这有益于培养孩子良好的学习习惯。因为许多孩子常常静不下来，还有些孩子注意力集中的时间相对不长，玩数独要是不够专心的话，会花上更久的时间才可能解出答案，而一旦你学会如何更加集中注意力，自然的，你在处理其他事务方面，也会变得更加专注。万事开头难，多练习几次，学生就会感受到只要勤奋努力，不怕困难，成功就会向我们招手。

数独课程，有利于学生主动地进行观察、试验、猜测、验证、推理等数学活动，在探索的过程中形成自己对数学的理解。数独兴趣课程在探索规律时，给学生创设了宽松的独立思考空间，让他们自主发现各种规律，充分尊重他们的个性思维；给学生提供了交流的机会，让他们在交流过程中分享彼此的思维成果，相互启发，共同发展。例如，问到"你想先填写哪个格子"时，有学生提出某行或某列，其他的学生也会深受启发，说出其他的思考方法，这时教师不要否定学生的提议，而是先引导其说出思考的方法和依据。"数独"不仅是游戏，还是方法，让学生在玩中学，在学中玩。数学方法是本课程特别注重的地方，教会学生思考问题的方法，对于他们今后学习，是有很大帮助的，也许一时无法立竿见影地看到成效，但从长远看，学生对问题的思考策略越多，对数学解决问题的办法也就越多！

第三，通过游戏活动，培养学生敢于质疑、不怕困难的良好品质。

皮亚杰曾经说过："要认识一个客体，就必须动之以手。"可见，让学生动一动，做一做，是提高教学效果的行之有效的方法。但是，在动手的过程中，前面的正确的答案是后面得以继续下去的基础，一点都不能马虎。如果前面马虎填错了一个数，后面就会进行不下去而前功尽弃，所以必须步步为营打牢基础、小心翼翼避免错误。在练习中培养学生认真负责的态度，在完成学习任务的过程中，让学生了解到不能只顾眼前，必须前瞻思考，从各个方面统筹考虑问题，没有把握的数字绝对不能乱填，前面的马虎一定会给以后设下不可逾越的障碍，寻找错误还不如重新再来。这也是对他们今后做人、做事的良好启示，

玩数独是对智慧和毅力的考验。通过练习，学生的耐心、专注力和毅力都得到了提高，思考问题更有条理性。它还能对青少年的心智锻炼起到很好的效果，特别是教会学生如何正确面对失败、失败后如何重新来过，让他们经历挫折训练。

四、体会与思考

数独，是一种数字游戏，规则简单却又变化无穷，在推敲之中完全不用数字计算，只需要运用逻辑推理能力，就能进行解答，对于学生的知识基础要求比较低。低、中、高年级的学生都能够找到合适的题型，还能激发他们对于数学学习的兴趣，因此我选择了数独游戏作为兴趣课的教学内容。

课程中大部分学生积极思考,努力解决问题,对于一些数学的学困生来说,数独也能让他们体会到成功的乐趣,学习数学的积极性大大提高。在平时的课程中,我逐步提高难度,通过数字的减少,让同学们循序渐进地了解数独,深入数独,由入门到高阶。学生由于逐步解决了问题,感受不到题目越来越难,反而觉得越来越简单,数独的学习改变了同学们对数学原有的认识,让他们感受到了数学的美妙。

这种益智游戏,不仅培养了学生的思维能力,还让他们在活动中,体会到很多问题可以运用数学知识来解决。通过游戏,他们学会了多角度思考问题,形成了属于他们自己的、与众不同的思维方式。

布鲁纳曾经说过:"学习的最好刺激,乃是对所学材料的兴趣。要想使学生上好课,就得千方百计地点燃学生心灵上的兴趣之火。"在实践中,数独培养了学生的好奇心和求知欲,培养了学生的洞察力、思维力、注意力以及勤奋刻苦的学习精神。数独充分尊重学生的个性,让每个学生都能在学习中体验不同的成长经历,获得成功与自信。

(本案例作者:陶佶)

案例 4　"算格"教学

一、案例背景

在 20 世纪末许多教育研究者用生态学原理来解决教育问题、解释教育现象。一所学校就是一个复杂的生态教育系统,教学是这个复杂的系统里的一部分。教育设计和行为跟进就是研究教师的教育设计、学生的行为表现、教师的后续跟进等诸多要素如何相互制约、相互调控的。结合上海市二期课改课程标准的要求和培养学生数学核心素养的需求,我校开始在数学教研组内开展游戏化益智学具拓展型课程学本的研究,经过一年的时间,完成了一年级至五年级的拓展型课程学本撰写工作。这一工作的开展是建立在尊重师生可持续发展的双边互动基础上的,关注学生的学习过程、心理需求、活动需求,以营造一个和谐、活跃、游戏化的课堂环境和教学氛围。在师生和谐、充满趣味性的课堂中,落实新课程标准中,用游戏化教学理念突出情感态度与价值观维度,充分发挥在"注重学科核心素养"引领下拓展型课程在课堂教学实践中的育人功能。作为教育事业的践行者,我们要做的就是结合本学科的特性和学生的学情开展课堂教学,让学生感受数学的生活化,理解数学核心素养,进一步弘扬益智游戏与课堂教学相结合的教学方式,促进学生学习的自主性、探究性和动手操作、空间想象能力。

二、案例分析

　　算格,也叫"聪明格",是一种数独和四则运算结合起来的益智游戏,我们在研究了各年级层的教材内容和学生的学习能力后,决定分 3 册来编写算格的学本,算格(一)、(二)、(三)分别对应二年级、三年级和四年级,从 3×3 只包含加法运算的简单问题入手,通过教学互动让学生在"玩中学,学中玩"。在学生掌握了游戏规则和解题关键后,进阶到 4×4 包含四则运算和多格算格的问题解决,然后再到难度更高的 5×5、6×6、7×7 等算格问题,让学生自己探索思考,运用课堂上学习掌握的方法技巧进一步完成知识的拓展。

　　游戏化拓展型课程的宗旨是"以情激趣,以趣促能",在学本的编写方面,我们设置了"热身运动""快乐参与""大显身手""探索无限"四个环节,环环相扣,最后的"点赞榜"让学生对自己本堂课的行为表现有一个综合全面的评价,构建一堂集"生命性、趣味性、参与性、可持续发展性"于一身的游戏化益智课堂。不同于传统课堂教学"重师轻生"的教学模式,益智学具的使用让课堂上师生的互动增加了很多,教师可以在课堂互动交流中观察学生对教育设计的反馈,据此灵活调整活动环节的设计;也可以设置适合各层次学生学习能力的活动,培养学生发现问题的能力,让他们学会用数学思维来思考书本上的知识,并灵活运用所学知识技能,解决实际问题。

　　第一部分"热身运动"。这是入门阶段,教师出示简单的算格,提问学生有什么发现,让学生通过观察自主发现算格的"小秘密",如算格的左上角有数字、有加减乘除的运算符号、有较粗的线条等。学生的自主发现会让他们对即将要学习的知识产生兴趣,有的学生会说,真像我们玩的"填字游戏"! 是的,这就是我们做教学设计时想要达到的效果:激发学生的学习兴趣,促发学生自主学习、探究新知。

　　第二部分"快乐参与"。在经过第一部分的观察发现后,教师简单介绍算格的游戏规则,进入第一个活动环节——解决简单的算格问题。这一部分的题目设计希望学生能达到三维目标中的第一条"知识与技能"目标,二年级的学生已经具备一定的观察分析能力和 100 以内加减法的运算能力,此时可以发现解决问题的突破口,有些算格的左上角没有符号只有数字,进而提炼出"唯一法"。但下面会出现一个普遍问题:接下来填哪一格? 学生第一次接触新的知识,不知所措在所难免,这时候教师就要引导学生,适宜地运用前一部分总结的游戏规则,逐格解决。这一部分的问题解决后,我们就可以归纳解决算格问题需要注意的几个要素,如填数完成后要检查四则运算的结果是否正确,特别要注意乘法和除法的运算。

第三部分"大显身手",主要解决中等难度的算格问题。这部分是对上一部分的提升和检验,算格的格数多了,运算复杂了,需要考虑的可能性也变多了。我们希望学生达到三维目标中的第二条"方法与过程"目标,二年级至四年级的学生我们注重培养他们的数学思维能力,掌握学习的方法,侧重学习知识的过程。教师在这一部分要引导学生找到突破口,兼顾行和列以及运算结果,还要灵活运动游戏规则。在课堂教学中,设计教学活动时要考虑学生对已有知识的掌握理解程度,对教学活动的反馈情况,注意师生间的交流互动。课堂教学的过程中,会有同学提出不同于教育设计预设的答案,这时候教师要临场应变,让学生充分表达看法,适时给出中肯的意见,鼓励学生用多种解法来解决算格问题。

第四部分"探索无限"。这里对学生提出了与他人合作交流的要求,希望学生通过课堂教学能够理解算格的解决方法,运用自己学习到的本领探索更高难度的算格问题。教师给出的题目只是"抛砖引玉",目的是让学生自己去探索和实践,通过游戏化的课程锻炼四则运算能力,让在游戏中学会观察、推理、思考、发现问题并动手解决问题。

三、案例分析

在传统的教育设计和行为跟进的研究中,我们往往只关注老师或者仅关注学生,因此才会出现背教学设计或者用他人教案来上课的情况。如果我们关注了学生、考虑到各层次不同学生的学习情况、考虑到师生间课堂上的互动,我们就会更多地发现课堂教育教学中生成的精彩,就会更多地发现课堂教育教学中人文的、生命的关怀。因此,我们对游戏化益智学具拓展型课程展开了研究,综合已有的益智课程和益智学具,在课堂教学实践的基础上编撰了拓展型课程的学本,并通过课堂实践来检验和完善,形成了一套综合性较强的生生、师生互评的教育评价体系,以促进师生、学校的发展。

教与学的矛盾与统一始终是我们课堂教学关注的重点。在教师平时的课堂教学甚至公开教学中一些问题普遍存在,表现如下。①重师轻生。教师习惯于让学生来适应自己,当上课出现卡壳等问题后会把责任推给学生,认为是上课的学生出了问题,不懂配合,或没有进入状态。②重教轻学。教师考虑得最多的是教学方法的选择是否恰当,各种教学方法是否能灵活自如地运用,而对课堂上怎么指导学生采用适宜的学习方法进行学习却关注较少,即对学生学习的过程关注不够。③重知轻能。课堂教学关注最多的是知识传授方面的要求,如知识点的渗透,教学内容量等,而对学生的能力培养和提高、情感态度与价值观的发展则关注较少、交流不多。④重静轻动。课堂教学侧重静态的教学要素,如教学目标、教学内容、教学方法和手段等,而对动态的教学过程,师生的交往、互动,学生的参与、讨论、实验,以及师生间的情感交流、学生的成功体验等,缺乏必要的关注。⑤重灌轻悟。很多教师以把握教学重点、教材分析透彻、教学环节完美为认定一节好课的准绳,对学生的体验和感悟较少在意,导致学生了解书本上列出的知识点,但不能付诸实践,教学实效性差强人意。①

我们希望通过游戏化益智学具的课堂教学设计,引发学生多方面的变化。第一,知识的变化,表现为知识量的累积。通过游戏化的教具,运用观察发现、动手操作的活动形式,让学生发现新知识、掌握新知识。第二,能力的变化,表现为能力水平的提升,锻炼学生用数学思维来思考问题,能够迅速敏捷地找到算格的“小秘密”和解题的突破口,锻炼学生的思维缜密性,会结合算格的多条游戏规则来完成填数。第三,情感的变化,表现为课堂教学过程中获得了良好的积极的情感体验。教师的表扬和赞赏使学生感受到愉悦,完成一道题一个挑战后收获到成功的喜悦,从而产生更进一步学习的强烈要求。第四,心向的变化,表现为面对新的学习任务时兴趣浓厚,克服困难的意志坚定,投身学习的态度积极、主动。正所谓“善歌者使人继其声,善教者使人继其志”。很多学生在下课后,还会津津有味地沉浸在益智课堂的学习中,他们会在课后继续探究,找更多更难的题目去尝试解决,并探索更好更快的方法。

四、体会与思考

开展游戏化益智学具的课堂教学是基于绿色生态理念的教育研究,因“校”制宜,因“班”制宜,因“人”制宜。我们在课堂上所有的教学活动都是围绕学生已有的经验和未来发展的不同需求展开的。教师会鼓励和引导学生共同参与,着力激发学生求知探索的热情,以确保课堂上没有学生是“局外人”,没有学生被“边缘化”。

我校的游戏化益智学具拓展型课程不仅在课堂教学中开展实施,不仅通过课程中“点赞榜”的设置对学生的学习行为进行评价和跟进研究,还把课堂实践后的经验经过改进编写入相关的益智课程学本中,经过专家的审核后进行出版,让更多的学生接触到这样趣味性、知识性兼具的课程教育。绿色生态理念要求教师尊重学生天性,激发学生灵性,调动学生悟性,最大限度地开发每个学生学

---

① 范连众.初中数学课堂教学评价标准的研究[D].大连:辽宁师范大学,2005.

习的潜智、潜质、潜能,让学生豁然开朗、茅塞顿开、悠然心会、深得感悟。我们开设这样的益智课堂教学,就是要在学生的心灵上播种阳光,让学生的心智之花灿烂开放,让学生怦然心动、浮想联翩,觉得数学思维是如此的妙不可言。

(本案例作者:潘静怡)

第三节　课程实施的评价与反馈

教育评价是当今教育发展中最为热门的领域之一,支撑教育评价这种发展态势的根本动力主要是对教育质量持久而愈加强烈的追求。虽然现代教育评价比起古代更加科学和细致,但是它不断提升的硬度和细致程度激起了越来越多的批判和对抗。在现代教育评价遭受的批判声中,最为严厉的一种声音还是对其禁锢作用的批判,即指责其禁锢了学生、教师甚至整个教育系统的发展[①]。在此背景下,科学理解和设计教育评价的核心价值,形成与教育事业改革发展相适应的评价体系,成为事关高质量育人体系建设的一个根本性问题。

从实践的角度看,教育评价活动不仅是检验当前教育目标是否得到实现的手段,更是激励学生进步、帮助学校和其他教育机构提高教育质量的重要手段,同时还体现着整个社会的价值判断,因而在很大程度上影响着教学的内容和方式,甚至影响学生的人生观、价值观等。科学的教育评价可以说是促进学生健康成长、促进教育内涵发展的治本之策。教育评价活动的历史源远流长,教育评价的重要意义也随着教育改革与发展的实践而受到越来越广泛的认可。应该指出的是,教育评价的改革,是基础教育变革的重要组成部分,也是目前基础教育变革过程中饱受争议和诟病的部分。我们的教育评价,究竟应该评价什么,怎样评价,这些核心的问题并没有得到一致性的回答,没有形成一致性的结论。社会的转型、呼唤教育的转型,而在教育的转型过程中,我们有必要思考转型过程中的教育,究竟需要怎样的评价。

新时代党和国家对于教育事业的重视达到了新的政治高度。习近平总书记在全国教育大会上强调,要扭转不科学的教育评价导向,坚决克服唯分数、唯升学、唯文凭、唯论文、唯帽子的顽瘴痼疾,从根本上解决教育评价指挥棒问题[②]。

---

① 余清臣.现代教育评价的技治主义及其限度[J].山西大学学报(哲学社会科学版),2019(1):103 - 109.

② 何忠国.坚决克服"五唯"痼疾[EB/OL].(2018 - 09 - 19)[2020 - 05 - 10].http://theory.people.com.cn/nl/2018/0919/c40531 - 30301877.html.

并且，要求各地区重视评价工作的开展，加强学校自主办学能力，深入推进政府简政放权，将教育督导体制机制的建设与新形势、新要求相结合，早日实现"管办评"分离①。党和国家多次强调从战略高度认识教育评价工作的极端重要性，把评价工作的规范作为一项重大的政治任务。为保障评价政策落地见效，国家提出建立评价责任制度和信誉制度，将评价工作的开展情况作为相关干部考核、奖惩、任免的重要参考②。这一系列政策和制度的出台，都为新时代科学的教育评价体系的建构提供了遵循依据。

一、课程评价的价值厘定

任何领域评价实践体系的建构，首先要解决的就是评价的价值属性问题，这是关系评价改革基本价值导向的核心问题。

价值属于哲学范畴，它是事物本身固有的一种属性，它的实质是主体与客体之间的一种特殊关系，即客体满足主体需要③。教育评价的发展过程是人们对评价的认识不断深化的过程，也是价值逐步凸显的过程。在《第四代评估》中，古贝和林肯将教育评价的发展划分为四个阶段：测量、描述、判断和建构。在第一个阶段，人们认为任何事物都是有数量的，而数量都是可测量的。评估者的角色是技术性的，他们掌握着可利用的工具，如此一来，任何指定的调查都变成了可测量，强调对测试结果进行精确的定量测量。在此观点的影响下，教育评价工作的重心落在编制各种测验量表以测量学生的一些心理技能与特征，研究者的精力主要集中在教育测量的客观化问题上。科学性是其追求的首要目标。在第二阶段，评估采用以描述关于某些规定目标的优劣模式为特征的方法。评估者的角色是描述者。测量不再等同于评估，而是作为评估工具的一种被重新定义。在第三阶段，评估以努力得出判断为特征，评估者在其中扮演评判员的角色，同时还保持了早期技术性和描述性的功能。此时，评价重点转向了评价标准和价值观本身，并引发了人们对于评价标准和"价值中立"问题的重视和争论④。

事实上，评价不仅不是价值无涉的，甚至本身就具有价值属性。教育评价领域的泰斗级人物——美国学者泰勒明确指出："评价过程本质上是一个确定课程与教学计划实际达到教育目标的程度的过程。但教育目标本质上是指人的行为

---

① 张滢.放权之后：政府"掌好舵"，学校"划好桨"[N].中国教育报，2014-04-07(2).
② 冯虹，朱瑞.20世纪90年代以来我国教育评价政策的回顾及展望[J].教育测量与评价，2019(11)：28-33.
③ 冯军.评价论[M].北京：东方出版社，1997.
④ 古贝，林肯.第四代评估[M].秦霖，等译.北京：中国人民大学出版社，2008.

变化,因此,评价是一个确定行为发生实际变化的程度的过程。"该概念超越了教育测量的范畴,要求通过评价发现学生学了什么以及这些东西的价值,从而与测量相区别。美国学者格朗兰德将教育评价描述为"量的记述＋价值判断"或"质的记述＋价值判断"①。概而言之,教育评价与价值的关系可以概括为两种:一是就功能而言,教育评价是对评价对象在何种程度上满足人们的需求作出判断,即揭示评价对象的价值;二是就属性而言,教育评价作为一个客体应满足人们的需求,价值主体需要是价值判断形成的前提条件,因而教育评价本身即具有价值。

　　明确了教育评价自身所蕴含的价值内涵之后,接下来需要明确的问题就是:教育评价应该具有哪些价值呢? 古贝和林肯认为,西方前三代评价理论的主要问题之一,是在采纳价值多元化方面的失败。在价值多元时代,价值主体的需要具有多样性,他们必然会对教育评价提出多种要求,因此,教育评价应具有多种价值以满足多元价值主体的内在需求。梳理关于教育评价众多价值的分析,我们认为,基于小学数学益智学具游戏化拓展型课程的内容、目标与实施路径,在建构其评价体系的过程中,应该着重追求科学、公平、发展三个维度的核心价值。

　　(一)课程评价的科学性价值

　　科学是人类主观世界对自然、社会、人类思维领域客观规律和本质的认识和反映,科学本身可以看作是一种价值。教育评价与价值密切相关,由于价值具有主观性,因而人们对于教育评价是否具有科学性存在着争议。一种观点认为,教育评价是基于事实的价值判断,事实判断主要回答"是什么"的问题,强调"一就是一,二就是二"和结果的可重复性,而价值判断主要回答"应该如何"的问题。事实是一种客观存在,而对其解释却因评价主体的价值观不同而出现"见仁见智"的现象,导致教育评价的结果可能前后不一致,因而缺乏科学性。另一种观点认为,价值判断并非纯主观的,而是基于事实基础之上的,评价主体不能随心所欲地作出判断。对于科学,胡塞尔赋予了其新的内涵,他认为,"科学应该以全部的存在作为自己的研究对象,科学的领域包括客观领域中的东西,也包括主观领域中的东西,有关意义、价值和理性的问题是科学研究的重要对象,科学的任务不应该仅局限于研究纯粹的客观事实"②。价值判断的客观性与科学的主观性决定了教育评价应该具有科学的价值,科学、客观甚至应该成为教育评价的首要价值,因为只有科学的教育评价才可能是合理的。

　　那么,什么样的教育评价是科学的呢? 对于判断教育评价的科学性,有论者

---

① 刘志军.教育评价的反思与建构[J].教育研究,2004(2):59-64.
② 张其志.我国教育评价的科学观及其方法论的演变[J].黑龙江高教研究,2008(1):26-29.

提出"真""善""美"的标准。但这一标准并没有将教育评价的特殊性与其他社会活动区别开来，比较抽象，过于宽泛，没有体现教育评价的特性，且其中"善"和"美"都蕴含着极强的主观判断，难以体现评价的客观性[①]。教育评价是一项包括多个环节的活动，主要包括启动、实施和总结三个阶段，其科学性体现在各个环节中。首先，评价目标的设置要科学。教育评价的目标要依据教育目标，以促进发展为目的。教育评价不能以一时、一事以及某一学科学习优劣的价值判断为目的，而是要以促进人的身心健康成长和全面发展为根本目的，具有不确定性、多样性和发展的多种可能性。其次，评价指标的设计要科学。评价指标要结合评价目标，体现评价对象的主要特性，其权重配置要合理。各项评价指标要具有可测性，以共性为主，兼顾个性。指标的设计要体现专业性，同时广泛征集评价利益相关者的意见，达成最大共识。再次，评价技术手段要科学。评价采用的工具手段、统计技术等要符合评价对象的特性，定性与定量相结合。最后，评价结果要具有唯一性，做到在同样的条件下，不同评价者得出的结论是一致的，或者同一评价者在不同时间所测的结果是一致的，即评价的信度和效度要高[②]。

从科学性的角度建构小学数学益智学具游戏化拓展型课程的评价体系，就是要通过科学的评价指标、评价工具的设计和评价方法的正确选择，对学生参与这一特色课程体系的过程和结果进行真实的记录和展示，确保通过评价数据的呈现和分析准确地还原学生的学习全貌，形成对学生客观中肯的评价结论。

（二）课程评价的公平性价值

早期的科学范式的实证主义评价观强调教育评价的价值中立，保持评价客观性的核心就是排除价值观的影响。然而，这种科学范式的实证主义评价观过于重视教育评价技术与手段的科学与精致，反而缺乏对教育实践活动意义的反思。教育评价是教育领域中的评价，人是其中的核心，而人是一种非常复杂的高级生物，科学范式的教育评价并不能测量出人的全部，如情感态度、创造力、兴趣等，也难以通过评价探查到导致评价对象之间差异的原因之所在。因而，我们承认科学是教育评价的首要价值属性，但绝非唯一的价值属性，不能陷入科学主义的范式。

在当代社会，人们的民主意识普遍增强，注重自身权利的保障，在此背景下，社会公正日益受到人们的关注。教育评价作为一项与利益高相关的活动，其公

---

① 刘五驹.评价标准：科学性还是人文性——"第四代评估"难题破析[J].教育理论与实践,2014(16):23-26.

② 朱丽,赵汉华.我们需要什么样的教育评价?——教育评价价值的元反思[J].教育测量与评价,2015(6):4-7.

正性必然是人们所追求的。科学讲究对所有评价对象"一视同仁",表面看是公正的,却没有看到事物本身的千差万别、评价对象生长与发展环境的不同,因而得出的评价结果可能是有失公允的。古贝和林肯认为,"我们没有把评估当作一种纯粹的科学过程,因为我们确信这样做会完全忽略评估学的社会、政治、价值取向等基本特征"。教育评价不是一项价值无涉的实践,众多利益相关者的需求交织在其中,汇合了不同但同样需要关注的价值诉求,对这些不同需求或利益的关注便需要评价者在关注事实的同时,关注事实背后的权力、政治和文化等因素,考虑形成各种事实的社会机制。

美国政治哲学家罗尔斯提出了正义二原则,第一是平等自由原则,第二是机会公正平等与差异结合的原则。罗尔斯认为,这两条原则具有词典式的顺序,第一条优先于第二条,而第二条中的机会公正平等原则又优先于差异原则。按照罗尔斯的观点,教育评价的公正价值应包含两层含义:一是平等对待所有评价对象,主要包括评价过程的公开公正,教育评价者的不偏不倚,评价指标设置过程的开放性,所有评价对象同等程度获得评价信息,对评价对象资料的收集尽可能详实,尊重评价利益相关者的知情权、参与权及表达权,等等;二是尊重差异,平等基础上对差异的考量同样是一种公平。每一个个体在生理特点、个性以及认知水平等方面存在先天差异,既然差异是客观存在的,就要考虑评价对象的起点差异、所获取发展资源的多寡。因此,教育评价需采用多元化标准,既要考虑普遍性,使评价对象之间可以进行横向对比,又要兼顾特殊性,使评价对象可以对自身的发展阶段进行纵向对比。评价标准需关照个体差异,对评价对象的发展背景进行充分的分析,以确定对象的发展阶段和努力程度,从而给出一个能够体现差异的评价结果,并依结果提供有差别的教育和进行教育资源配置。[①]

从公正的角度看小学数学益智学具课程的评价体系建构,就是要通过评价工具与策略的多样化设计,充分尊重和满足不同学生的实际特点和成长需要,让每一个学生都能够在这一评价体系中寻找到自己的价值,都能够真正参与其中,享受其中,并且实现有差异的成长与发展。此外,在评价主体的设计和选择上,一方面要充分保障学生自身的评价权利,另一方面也要通过多元主体的共同参与,保障评价过程与结论的公平合理。

(三)课程评价的发展性价值

发展是人类社会一切社会实践所追求的终极目的。从教育评价的本质属性

---

① 朱丽,赵汉华.我们需要什么样的教育评价?——教育评价价值的元反思[J].教育测量与评价,2015(6):4-7.

来看,它本身是一种手段,是以促进评价对象的发展为目的的。斯塔费尔比姆曾经说过,评价最重要的意图不是为了证明,而是为了改进。从本体论意义上来说,教育评价本身不具有发展的价值,但它在实践中具有目标导向性,因此,它自身就有促进发展的价值。一项好的教育评价应该能够促进教育某方面的完善与发展。

教育的最终目的是促进所有人的全面自由发展,所有的教育手段无疑都是为了这一目的的实现。正如美国学者布卢姆所强调的,"教育的基本功能是使个人获得发展"。作为一种手段,教育评价还具有选拔、评定等级及提供决策信息等多项功能,但如何更好地促进人的发展应是教育评价的首要功能。从个体发展的角度来说,教育评价应为个人发展提供更多的机会,创造更好的条件。通过评价,诊断出个体身上存在的优缺点,为其发展提供对策与建议,从而更好地促进个体发展。只有作为个体的人发展了,作为集体的社会才会发展,个人发展与社会发展是统一的。增值评价的运用可以看作是教育评价对发展的判定,它关注学生的进步和成长,以学校教育活动对学生增加的价值为评价标准,来判定教师、学校对学生学业成就的影响①。

从发展的角度界定小学数学益智学具游戏化拓展型课程的评价体系,就是要跳出传统评价过于注重甄别和选拔的功能局限,倡导通过合理的评价数据分析与结果呈现达到促进教学改进、教师成长和学生发展的目的,特别是突出学生为主体的意识,让评价真正为学生的成长服务,让每一个学生都能够在这种评价体系中体会到成长和快乐。

二、课程评价的方法设计

评价是课程实施的重要环节,也是建构完善的课程质量保障体系的重要组成部分。我们从本课程的性质、培养目标以及小学数学教学的现实需要出发,将现代教育评价所倡导的过程性、发展性、表现性等理念综合运用,形成了多元化的拓展型课程评价体系。第一,自我评价,自主发展。充分尊重学生在学习与评价中的主体地位,在请学生上来演示益智学具操作时,引导他们进行自我评价,说说对自己操作表现的感受,对益智玩具有什么新的认识,对自己合作的同学有什么建议等,让学生学会在学习过程中正确分析自我、评判自我。第二,生生互评,形成合力。由于年龄的关系,各年段的孩子对自己的认识并不深,他们无法

① 朱丽,赵汉华.我们需要什么样的教育评价? ——教育评价价值的元反思[J].教育测量与评价,2015(6):4-7.

全面地自我评价,因此,在自评的基础上,鼓励学生互相评价,让学生在评价的过程中,倾听别人的发言,进行评价交流,深入学习,增强合作意识。第三,多元主体,多方参与,以开放互动的评价体现以人为本的教育思想,尊重和体现学生个体差异,激发学生的学习兴趣。为了配合这种评价主体和评价标准的多元性,我们开发设计了多样化的评价手段(见表4-1)。

表4-1　小学数学益智类学具游戏化拓展型课程学生评价

评价内容			自评				互评				师评			
			优	良	合格	须努力	优	良	合格	须努力	优	良	合格	须努力
活动情况	参与活动 20分	能积极主动参与活动,并乐于完成活动任务	20分	15分	10分	5分	20分	15分	10分	5分	20分	15分	10分	5分
	活动技能 30分	能在活动中积极思考,运用方法解决问题	30分	20分	10分	5分	30分	20分	10分	5分	30分	20分	10分	5分
	合作学习 30分	在活动中能与同学互相合作共同完成,表现出较强的组织协调能力	30分	20分	10分	5分	30分	20分	10分	5分	30分	20分	10分	5分
总体评价:														

拓展型课程每一课课后都有"点赞榜",方便学生自评互评,感受课程带来的收获。教师在对学生进行评价时,要关注学生的个体差异,尊重学生的个性发展,将鼓励贯穿整节课,从而使多元化评价有效地激发学生对拓展型课程学习的热情,并使这种热情长期保持一定的温度。多元化形式展开课程评价是益智课程有效开展的助力剂,激励学生在学习中勇于探索,勇于创新,最终促进学生个性发展,积极培养学生独立性和创造力的形成,为学生终生发展打下基础。同时我们还专门设计了学生参与活动的评价表,明确了开展评价的相关维度和具体指标,便于相关主体科学有效地评价学生,为课程实施和人才培养的改进提供相应的数据支撑。

以下为益智类学具游戏课程教案示例。

示例1 "夺王游戏"教案

课题:夺王游戏

课时:1课时

执教:顾兰婧　　年级:二年级　　地点:川一　　时间:2018年12月

活动目标:

(1) 根据规则开展夺王游戏,在活动中进一步感悟决胜策略。

(2) 通过游戏激发探究兴趣,理解夺王游戏决胜策略和除法之间的关系。

(3) 经历游戏决胜策略的探究过程,体会逆推和化归思想方法。

活动重点:

(1) 在游戏中,进一步感悟决胜策略;

(2) 理解夺王游戏决胜策略和除法之间的关系。

活动难点:体会逆推和化归思想方法。

活动准备:媒体、夺王棋(学生用)、评价单、夺王棋教具。

活动过程:

1. 复习引入

师:还记得夺王游戏吗?(出示课题)

谁来说说游戏规则?(出示游戏规则)

生:每人每次最少拿1个,最多拿2个。(出示3条规则)

师:根据游戏规则,抢9,你们有信心赢吗?

PPT 出示: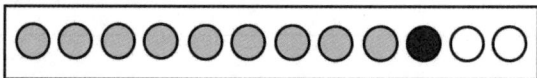

生:有!

师:谁来?(选2名学生)

问生1:你想先来还是后来?(后)

问生2:你呢?(后)

师:哦,你们都不想先来,那就石头剪刀布,谁赢谁后拿。

(学生演示抢9)

师:你输了,你服气吗?

生:我不服气。

师:刚才你们为什么都不想先拿?

生:后拿才能赢。

师:不光要后拿,还要抢到几才能保证一定赢?

生:抢到 3、抢到 6,就一定能抢到 9(3、6、9 翻面)

师:对呀,为了抢到 9,就要抢到 6,为了抢到 6 就要抢到 3,为了抢到 3 就一定要后拿。这样才能保证一定赢!

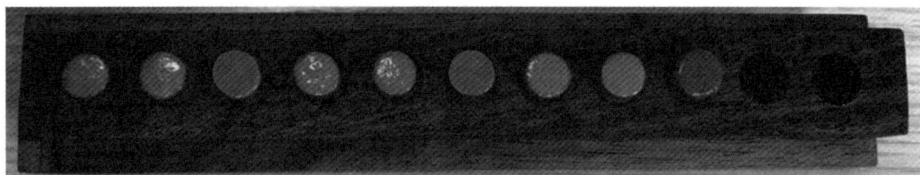

2. 探究

1) 抢 12 的策略

师:现在老师把抢 9 改成抢 12。

PPT 出示:

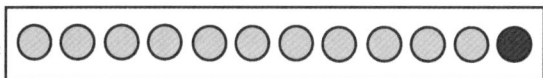

你们还能赢吗? 谁来挑战我? (选 1 名学生)

老师是大人,要不你先拿?

生:老师先拿。

(师生演示,生赢)

师:老师怎么会输的?

生:因为老师先拿了。

师:为了抢到 12,除了后拿,还一定要抢到几?

生:抢到 3、抢到 6、抢到 9。(3、6、9 翻面)

师:为什么抢到 9 就能抢到 12?

生:别人拿 1 个,我就拿 2 个;别人拿 2 个,我就拿 1 个。

师:那为了抢到 9,前一回合要抢到几?

生:要抢到 6。(7、8、9 加框)

师:为什么?

生:因为别人拿 1 个,我就拿 2 个;别人拿 2 个,我就拿 1 个。

师:那接下来怎么抢?

生:要抢到 3(4、5、6 加框)就要后拿(1、2、3 加框)。

教具呈现：

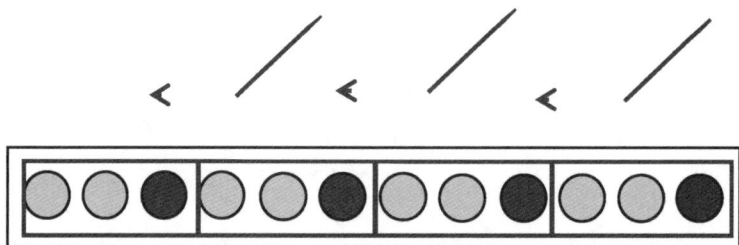

师：你们发现了吗？为了能赢，每一回合，都要与对方合拿 3 个（出示板书：每一回合，都是与对方合拿 3 个，为了抢到 12 就一定要抢到 9，为了抢到 9 就一定要抢到 6，为了抢到 6 就要抢到 3）。所以要后拿，这样才能赢！

师：用这种方法还可以抢几？

生：抢 15、抢 18、抢 21……

师：抢 15 要几个回合呀？

生：5 个回合。

师：你们真聪明，其实只要棋子的总数是 3 的倍数，用这个方法就一定赢。

2）抢 11 的策略

师：抢 11 呢？你们还能赢吗？

生：能！

师：请你上来挑战，谁先？

师：咦？他是后拿的，而且还抢到了 3、6、9，怎么还是输了呢？

师：那么怎么才能赢呢？利用学具，同桌之间探究一下。

（学生利用学具，与同桌抢 11）

学具准备：

师：游戏结束，学具归位。谁愿意挑战老师？

（师生演示，老师赢/学生赢）

师：观察一下，为了抢到 11，前一个回合必须抢到几？

生：抢到 8（8 翻面）、抢到 5（5 翻面）、抢到 2（2 翻面）。

师：抢到 8 了，还剩几个棋子？怎么拿？

生：因为抢到 8 后还剩 3 个棋子（9、10、11 加框），别人拿 1 个，我就拿 2 个，别人拿 2 个，我就拿 1 个，我一定能抢到 11。

师：对啊，因为抢到 8 之后，还剩 3 个棋子，就一定能抢到 11。

师：那为了抢到 8，就要抢到几？（6、7、8 加框）

生：就要抢到 5。（3、4、5 加框）

师：然后呢？

生：就要抢到 2。

师：怎么才能抢到 2？

生：一定要先拿，而且必须拿 2 个。

师：对呀，为了抢到 11，就一定要抢到 8，为了抢到 8 就一定抢到 5，为了抢到 5 必须抢到 2，所以要先抢，抢 2 个，就一定能赢！

如果，我把这两个棋子(1、2)拿走，后面就是刚才玩过的，抢几呀？

生：抢 9。

学具展示：

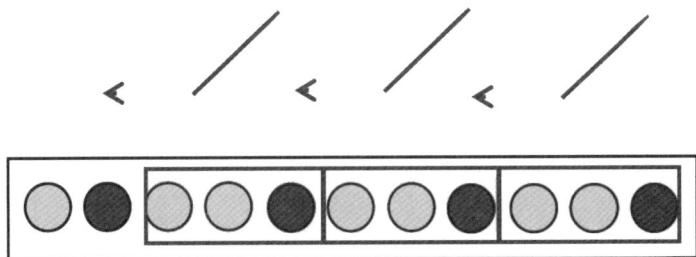

师：这个倒推的方法真好用！你们能用这种方法来抢 10 吗？

生：能！

媒体展示：

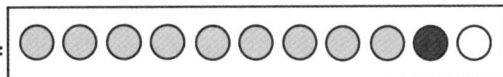

师：谁来说说看，为了抢到 10，就要抢到几？

生：要抢到 7(8、9、10 加框)然后抢到 4(5、6、7 加框)。

师：那剩下的 1 个怎么办？是先拿还是后拿？请你们用学具来试一试

学具准备：

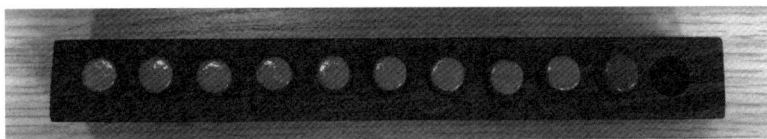

学生活动：抢 10。（音乐）

师：谁来挑战我？（生赢）

师：游戏升级（拿走框），老师把表示胜利的蓝棋，换成了一支笔，能赢吗？

生：两两比拼。（2～3 对）

师：你为什么不玩了？

生：因为我肯定输了？

师：为什么觉得自己肯定输了？

生：因为，后拿我就抢不到 7、抢不到 4，就不能赢。

师：如果是你先拿，你拿几个？

生：先拿 1 个。

师：为什么要先拿 1 个？要抢到 10 你要先抢到几？

生：为了抢到 10（按媒体、加框）就必须抢到 7（加框），抢到 4（加框），这样最后还剩下 1 个（加框），所以一定要先拿到 1 个。

师：我先拿走这 1 个，后面又是抢几？

生：抢 9。

教具展示：

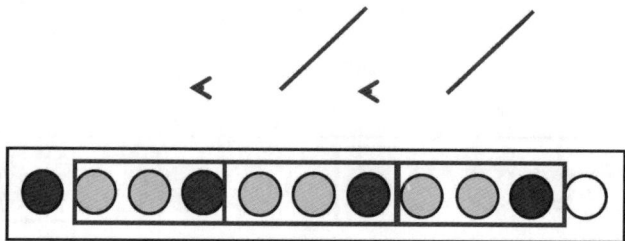

师：看来，你们都很清楚决胜策略了，你们真棒！

师：你们知道吗？ 其实，夺王游戏的决胜策略和我们学过的除法是有关系的，看！（抢 9）

师：抢 9 的时候，一共有 9 个棋子（板书：9），每一回合与对方合拿 3 个（板书：3），9 里面有几个 3？

生：9 里面有 3 个 3。

师：用算式怎么表示？

生：$9 \div 3 = 3$（个）［板书：$9 \div 3 = 3$（组）］

师：所以，每一回合，只要抢到第 3 个，就一定赢！

师：那么抢 12 也可以这样思考，12 里面有几个 3？ 所以算式是？

生：$12 \div 3 = 4$（个）［板书：$12 \div 3 = 4$（组）］

师：为什么除以 3？

生:因为每一回合,都与对方合拿3个。

师:抢9、抢12可以用除法算式表示,抢11和抢10呢?

生:$11 \div 3 = 3$(组)……2(个)[板书:$11 \div 3 = 3$(组)……2(个)]

　　　$10 \div 3 = 3$(组)……1(个)[板书:$10 \div 3 = 3$(组)……1(个)]

师:仔细观察这两组算式,你们发现什么了吗?(指一指余数的位置)

生:抢9、抢12没有余数,抢11、抢10都有余数。

师:当算式没有余数时,我们要怎么拿?当算式有余数时,我们又要怎么拿?

生:没有余数,就一定要后拿,并且每次都要抢到3的倍数。

有余数,就一定要先拿,余数是几就先拿几个,接着每一个回合都要抢到第3个。

师:看来,夺王游戏不光可以用倒推的方法解决(逆向指框),还可以用算式来帮忙(指板书)。如果,更改游戏规则(PPT出示:每人每次最少拿1个,最多拿3个)该怎么抢11?能不能用刚才的这两种方法呢?同桌之间讨论一下

(学生讨论)

师:你们讨论的结果是什么?

(学生随意发言)

答案:①一定要先拿,拿走3个;

　　　②为了抢到11,要先抢到7、再抢到3,所以要先拿到3。

师:你们真棒!你们可以用夺王游戏的必胜法则,回家和自己的爸爸妈妈玩一玩。

三、评价与小结

评价内容			自评				互评				师评			
			A	B	C	D	A	B	C	D	A	B	C	D
活动情况	参与活动	能积极主动参与活动,并乐于完成活动任务												
	活动技能	能在活动中积极思考,运用方法解决问题												
	合作学习	在活动中能与同学互相合作共同完成,表现出较强的组织协调能力												
总体评价:														

示例2　"标准九宫数独"教案

课题：标准九宫数独

课时：1课时

执教：陶佶　　年级：三至五年级　　　地点：益智教室

活动目标：

(1) 认识九宫数独，掌握九宫数独的游戏规则和基本技巧。

(2) 培养学生的分析、逻辑、推理能力。

(3) 数独帮助大家冷静思考，纾缓压力及加强分析能力。

(4) 培养学生坚强的意志品质。

活动准备：

媒体、活动单，评价单。

活动过程：

1. 导入

师介绍：一个九宫数独谜题通常包含81(9×9＝81)个小格，每个小格只能填写一个数。一个没有完成的数独题，有些格子中已经填入了数，另外的格子则是空的，等待解题者来完成。现在让老师带同学们进入数独的世界吧！

师：观察数独，你发现了什么？

生：数独的每一行，每一列，每个矩形都要有1~9这九个数字。

2. 活动

1) 通过游戏，感受九宫数独的魅力

(出示学具)

生：四宫数独中我们学习过的解题方法在九宫数独中也能使用吗？

师：当然，基本的解题方法是一样的！但九宫数独的难度要比四宫数独大，挑战一下自己吧！

(学生2人一组，尝试游戏)

(交流汇报游戏过程)

师小结：根据数独规则，如果某格内出现了一个数字，那么与该格同行、列、宫的位置就不能再出现相同的数字。

(2人小组合作，继续游戏，完成整个九宫数独)

(交流游戏心得)

师小结：数独的解题技巧有很多，有时用一种方法并不能解决所有问题，需要几种方法合并使用才会更有效。数独的基本技巧除了有基础方法外,还有一些进阶的解法,比如假设的方法,当某个格子的数字不能确定时可能就要用到这个办法。

2) 自由游戏,熟悉九宫数独的玩法

师:让我们用新学的本领和小伙伴一起玩一玩吧!

(出示学具)

(尝试游戏)

(交流游戏心得)

师:随着我们的坚持不懈,我们发现,数字填得越多,后面就越容易,在这个过程中,你们需要的就是仔细、耐心,只要攻克"瓶颈"就能成功!

3. 拓展

"数独"发展到今天,类型多种多样,按不同的条件细分,不下百种,而且数量还在增加中。

随着数独这项智力运动在中国的不断普及,越来越多的人成为数独爱好者。目前,涌现了大量的关于数独游戏的书籍和专门推广数独游戏的网站。大家有兴趣可以从网上下载数独软件到电脑试着玩一玩。

4. 评价与小结

	评价内容		自评				互评				师评			
			A	B	C	D	A	B	C	D	A	B	C	D
活动情况	参与活动	能积极主动参与活动,并乐于完成活动任务												
	活动技能	能在活动中积极思考,运用方法解决问题												
	合作学习	在活动中能与同学互相合作共同完成,表现出较强的组织协调能力												
总体评价:														

示例3 "汉诺塔"教案

课题：汉诺塔

课时：1课时

执教：唐邵俊　　　年级：三至五年级　　　地点：川一　　　时间：2018年9月

活动目标：

(1) 通过自主探究、合作交流，了解游戏规则、探索"汉诺塔"的游戏策略，掌握简单的游戏思路，初步渗透不完全归纳法。

(2) 经历同桌合作，小组竞赛等实践活动，感受汉诺塔游戏带来的乐趣，体会与人合作、竞争、沟通交流的快乐。

(3) 通过尝试运用猜想—实践—验证—归纳的数学方法，掌握一种益智游戏玩法，激发学生思考的兴趣。

活动重、难点：

掌握汉诺塔的游戏方法，在移动前三层汉诺塔的过程中，发现层数和柱子间的规律，通过对比观察三层和四层的移动过程，发现柱子的中转功能；能够运用规律成功移动四层汉诺塔，并尝试挑战五层汉诺塔。

活动准备：

希沃多媒体设备、活动单，评价单。

活动过程：

1. 环节一：情境导入，激发兴趣

(教师出示汉诺塔实物)

师：同学们见过老师手里拿的东西吗？

师：说说你知道的有关汉诺塔的知识。

师：我给大家演示一下如何玩，你们看看这个游戏有什么规则吗？

总结游戏规则如下。

(1) 将原来柱子上的3个圆盘搬运到目标柱上。

(2) 每次只能搬运一个圆盘。

(3) 大盘不能放在小盘上。

所有盘都在一根柱子上，这是起始状态，我们把这根柱子叫起始柱。所有盘子是移动到哪根柱子，那根柱子就叫目标柱。剩下的柱子则称为中转柱。

师：同学们清楚游戏规则了吗？

生（齐）：清楚了。

2. 环节二:实践操作,探究规律

师:同学们想象一下,完成一层汉诺塔最少需要几步?二层呢?

1) 活动一:挑战三层汉诺塔并总结规律

师:完成三层汉诺塔的移动,想一想,最少需要多少步能够完成?要使步骤最少,第一个盘子应该放到第几根柱子上?

(同桌合作,轮流操作,一人移动,另一人帮助检查是否符合游戏规则)

师:音乐停止时,表示游戏结束,请同学们保管好本桌的汉诺塔,不要发出声音。

汇报展示:找三名同学分别演示三层汉诺塔的玩法,在他们摆的过程中,其他同学思考以下问题。第一个圆盘放到了哪根柱子上,目标柱还是中转柱,一共用了多少步?

发现规律如下。

完成一层汉诺塔最少需要<u>1</u>步,第一个圆盘放到目标柱;

完成二层汉诺塔最少需要<u>3</u>步,第一个圆盘放到<u>中转柱</u>;

完成三层汉诺塔最少需要<u>7</u>步,第一个圆盘放到<u>目标柱</u>。

刚才我们玩的是 3 层汉诺塔,说说:你们发现层数和柱子之间有怎样的规律?汉诺塔的层数是单数,第一个圆盘放到<u>目标柱</u>;

汉诺塔的层数是双数,第一个圆盘放到<u>中转柱</u>。

2) 活动二:四层汉诺塔——发现问题

师:通过前三层汉诺塔的移动,让我们来推测一下,要想使四层汉诺塔步骤最少,第一个圆盘应该放到哪根柱子呢?

生:中转柱。

师:现在让我们来验证一下我们的猜想。增加难度,挑战四层汉诺塔,请同学们准备,开始。

(学生动手操作)

(汇报展示)

师:同学们完成的速度很快,现在请一名同学来为我们展示一下四层的移动过程。我们一起来数一数,一共用了多少步,第一个圆盘放到了哪根柱子上?

(生汇报)

师:我刚才在巡视的时候发现,同学们在摆四层汉诺塔的时候,遇到了一个共同的问题。那就是当最大盘放到目标柱之后,中间柱上还有三层汉诺塔,那第一个圆盘该放到哪根柱子上呢?让我们重新思考一下,现在起始柱和目标柱还是原来的位置吗?你能来说说吗?

（学生讨论）

小结：通过大家的研究和思考，我们发现，在游戏过程中，随着圆盘位置的转换，起始柱、目标柱和中转柱的位置也随之发生了变化。所以这个规律不仅可以用在游戏第一步上，也同样适用整个游戏过程，并且非常重要，即随着圆盘位置的改变，不断地重新思考。

3）活动三：汉诺塔比赛——实践应用

教师活动：了解了这么多游戏技巧，相信同学们已经掌握了游戏的玩法。下面我们来进行一场汉诺塔比赛，看看谁可以让时间更短，步骤更少。

（学生：比赛）

比赛规则：

（1）分为男生、女生两组，女生先来操作，男生当裁判，限时1分钟内完成挑战。谁先完成后举手示意，按举手顺序，选取前三名进入决赛。然后男女对换，选出男生组前三名。

（2）进入决赛的6名选手，同时操作，全班同学一起当裁判，以1分钟为限完成挑战，以完成顺序确定冠亚季军。

（3）由评委老师为获奖选手颁奖。（其他益智游戏玩具试玩）

3. 环节三：拓展延伸，分享收获

师：我们向5层汉诺塔大发起挑战，猜一猜，最少需要几步呢？

生（猜测）：31。

师：有办法验证码？说说理由。

生：$1\times2+1=3,3\times2+1=7,7\times2+1=15$。

师：你们能说说算式中每个数表示的含义吗？

生：其实就是把低一层的汉诺塔移到中间，再把大圆盘移到目标柱，最后把中间的汉诺塔再移一次。相当于第一层的汉诺塔走了两次，再加上大圆盘移到目标柱这一步。

师：你们真了不起，现在就用你们发现的这个规律挑战五层吧。试一试，能不能用31步完成挑战。准备，开始挑战。

（汇报展示）

师追问：知道了最少步数，为什么有时候能用最少步数挑战成功，有时候不行呢？其实玩的时候里面还蕴藏着很多小技巧，没完成没关系，相信再多给你们一些时间，就能够挑战成功了。

这节课，同学们从一层玩到了五层，那你们知道这个游戏在未来生活中有哪些应用吗？这个游戏蕴含着递归思想，是计算机编程中的一个重要算法，在其他领域中也有所应用。汉诺塔中还有很多知识,下节课我们还可以继续探究,向更高难度发起挑战。

示例4　"幻方"教案

课题:幻方

课时:1课时

执教:徐卫英　　年级:二年级　　地点:川一

活动目标:

(1) 认识九宫格,能熟练计算九宫格中8组和。

(2) 通过学具操作、分层探索、尝试建构1～9的幻方,并在探究中初步感知幻方的内在规律。

(3) 在小组活动中学会合作和交流。

活动重点:初步感知幻方的规律。

活动难点:探索幻方规律并摆出一个完整的幻方。

活动准备:媒体、活动单、评价单。

活动过程:

1. 探究

挑战一:摆出一个15

(1) PPT出示挑战规则:从1～9中选出3个数,摆在一条线上,和为15。

(2) 交流汇报摆出的15。

(3) 根据不同的摆法引出行、列、斜行。

评价(自评):①轻放得一颗星;

　　　　　　②摆对加一颗星。

挑战二:摆出2个15

(1) PPT出示挑战规则:①再摆一条线,使这条线上的和也是15;

　　　　　　②由同桌说一说你摆出的算式,并检验是否正确。

(2) 交流汇报:①用6个数摆出2条和为15的线;

　　　　　　②用5个数摆出2条和为15的线,为什么只用了5个数?

(3) 用手势来比画摆出的结果。

(4) 交流不同摆法引出角数、边数和中心数。

评价(互评):①说清得一颗星;

②摆对加一颗星。

挑战三：哪一组摆出的 15 多

(1) PPT 出示挑战规则：①4 人一小组；

②摆出的 15 最多的小组获胜；

③把摆出的算式记录下来。

(2) 小组汇报。

①选出摆出 15 最多的小组汇报算式，其他小组补充，共得出 8 个和为 15 的算式。

②引导学生观察 8 个算式，5 用到了 4 次，放在中心数的位置上。

(3) 继续找出用到 3 次的数。

引导学生从算式中找出使用 3 次的数，2、4、6、8，并确定这四个数摆在角数的位置。

师评：给摆出 15 最多的小组发红色大拇指，给补充的小组发黄色大拇指。(组长发)

挑战四：摆出 8 个 15

(1) PPT 出示挑战规则：①独立摆出 8 条线，线上和都为 15；

②把摆出的数字魔方填入学习单。

(2) 挑战成功者交流汇报。

(3) 检验是否正确，渗透检验方法。

(4) 总结归纳：每行、每列、每条对角线上的数之和相等的数字魔方，我们也称为幻方。(板书课题)

(4) 同桌互相检验是不是幻方，没有成功的继续调整。

师评(自评)：①独立摆对得 3 颗星；

②根据提示摆对得 2 颗星；

③调整摆对得 1 颗星。

(5) 交流摆出幻方的方法。

2. 拓展

今天我们用数字 1～9 摆出了幻方，回家试着摆出数字 0～8 的幻方。

3. 评价与小结

挑战一	自评	摆对得一颗	☆☆
		轻放加一颗	
挑战二	互评	摆对得一颗	☆☆
		说清加一颗	
挑战四	自评	能独立摆对得三颗	☆☆☆
		看提示摆对得二颗	
		能调整摆对得一颗	

示例5 "入门四宫数独"教案

课题:入门四宫数独

课时:1课时

执教:陶佶　　　年级:三至五年级　　　地点:川一

活动目标:

(1) 认识四宫数独游戏的规则,掌握玩"数独"的方法。

(2) 通过观察、尝试等活动,提高推理能力,让学生对数独产生兴趣,并有探究的欲望。

(3) 养成动手之前先动脑的好习惯。在拼摆的过程中不断尝试,克服困难,应用数独的思想解决问题。

活动重点:初步认识四宫数独的特征。

活动难点:探索四宫数独的规律并摆出一个完整的四宫数独。

活动准备:媒体、活动单,评价单。

活动过程如下。

1. 导入

谈话引入,出示数独。

师:看到今天的课题,你们有什么问题吗?

生1:什么是数独?

生2:数独是不是使人越来越聪明?

生3:数学课本里好像没有数独呀!学习它有什么好处呢?

......

师：看来同学对这节课都很好奇，其实今天我们要学习的内容是一种很新潮、很有趣的数学游戏，它受全世界各年龄层、各行业人士的追捧和喜爱，同时也被称为"当今世界最受欢迎的益智游戏"。听老师说了怎么多，你们想了解它吗？

生：当然想了！

师：想玩吗？

生：那更想了。

师：那让老师带领你们进行一次奇妙、快乐而有趣的旅行吧！

出示：

师：请同学们仔细观察，说说你发现了什么。

（先独立思考，然后再小组内交流）

（引导学生通过观察发现每一行、每一列的数字排列规律）

由学生口述，根据学生的口述教师归纳：

①每一行都有1、2、3、4数字；

②每一列都有1、2、3、4数字；

③每一组方格里都有1、2、3、4数字。

师小结：这叫"四宫数独"，是一种填数游戏。共有16个小木桩，分成4组，每组都是数字1~4。玩的时候需要根据已知数找出所有剩余空格的数字。

数独的游戏规则：

①将数字1~4插入空格。

②每行、每列、每宫都包括数字1~4，每个数字只能出现一次，不可重复。

2. 新授

1）唯一法

师：我们发现了数独里隐藏着这么多的规律，那让我们一起来体验这种游戏吧!

出示：

（教师与同学们一起完成这个四宫数独）

交流汇报

先摆这一格!

先摆这一格!

师：说说为什么可以先摆，并完成整个四宫数独。

师小结：

①当某行（列、宫）已经填写的数字达到 3 个，那么该行（列、宫）剩余能填的数字就只剩下那个没有出现过的数字，成为该行（列、宫）唯一的解，这就叫做"唯一法"。

②每个棋子要放入相应的格子中。要求每一行，每一列的数字不重复出现。

③让学生在四宫数独中操作练习，引导学生从不同的角度（每行、每列、每宫）进行思考。

④引导学生观察时，不仅要观察行、列，还要观察宫。找到提供信息最多的方位开始走，这个是解题的关键。

2）运用"唯一法"和"排除法"解决问题

出示：

师：两种说法哪个正确？

（学生讨论）

师小结：两种摆法都可以，这叫做"排除法"。第3列、第4行中已经含有数字2、3和4，排除这几个数字，就只能填1，接下去就可以用"唯一法"来解决剩余格子了。

3）在完成的过程中总结归纳数独填写的一般方法

先找已知的3个不同数，确定第四个数，依次推出结论。

如果缺少2个已知数，则可以同时观察行列或行（列）宫，使用"排除法"确定缺少的数。

4）悄悄话

①找到突破口；

②行、列、宫、不重不漏；

③看行、顾列、兼宫；

④假设、有序、多角度、顾全局。

3. 总结

先从已知数最多的行或列或小四宫格做起，看这里可以填的是哪几个数，再一个一个地试（对比它的行、列、小宫格），找到突破口是关键。

每道题都可根据提供的数字,逻辑推理解出答案,可以用排除法,也可以用假设法。一定要记住:每道题只有一种答案。

4. 评价与小结

	评价内容		自评				互评				师评			
			A	B	C	D	A	B	C	D	A	B	C	D
活动情况	参与活动	能积极主动参与活动,并乐于完成活动任务												
	活动技能	能在活动中积极思考,运用方法解决问题												
	合作学习	在活动中能与同学互相合作共同完成,表现出较强的组织协调能力												
总体评价:														

示例6 "神奇的莫比乌斯环"教案

课题:神奇的莫比乌斯环

课时:1课时

执教:唐邵俊   年级:四年级   地点:川一

活动目标:

(1) 了解莫比乌斯环的相关知识,知道它的特点。

(2) 借助工具,掌握制作莫比乌斯环的方法。

(3) 通过"观察—猜想—验证"发现莫比乌斯环的神奇之处。

(4) 激发学生主动学习意识,使之初步具有对科学的探索精神。

(5) 了解有趣的数学故事,扩展知识面,加深学生对数学的喜爱。

活动准备:每人双色纸条2张、彩色纸条1张、三等分纸条1张、彩色笔1支。

活动过程:

游戏导入并小结:做事要仔细观察、大胆猜想、动手验证。

师：生活中要用观察、猜想、验证的方法解决问题，在今天的课上也要仔细观察、大胆猜想、动手验证来进行探索研究。

1. 情境引入，激发兴趣

师：在 2007 年夏天，世界特殊奥林匹克运动会在上海拉开了帷幕，作为一名上海人，老师感到非常自豪。大家看，开幕式上最激动人心的一刻到了（录像引入点火仪式）。

这就是特奥会的主火炬，它采用了什么造型？这可不是一个普通的环，它用了一个非常神奇的造型，是一个神奇的环。（板书课题：神奇的环）

看了课题，你知道今天要学什么了吗？好，让我们带着问题，仔细观察、大胆猜想、动手验证，揭开神奇的环的奥秘。

2. 动手制作，了解特点

1）动手制作

（1）取出两张双色长方形纸，分别做成普通的纸环和神奇的环。

（2）教师指导神奇的环的做法。（板书：转）

2）了解特点

（1）观察：发现了什么？

（2）画一画：用记号笔分别在两个环上做个起点记号，从起点开始沿着环的中间一直画回到起点，猜猜会发生什么现象。

（3）小结：普通的纸环转个 180° 后，只用一条线就能画到所有的面。

（4）介绍"莫比乌斯环"的由来。

故事引入：这个神奇的纸环是 1858 年由一位叫"莫比乌斯"的德国数学家发现的。在一个阳光美好的午后，莫比乌斯随手将桌上的一张纸条转了个身，又把两头对接了起来，形成了一个奇怪的环。这时有一只小蚂蚁来到他面前，他小心翼翼地把小蚂蚁请到了圆环上，结果小蚂蚁不翻越任何边界就爬遍了圆环儿的所有部分。这让莫比乌斯非常惊讶，怎么一个普通的纸环转个身一对接就发生了这么神奇的变化，多奇妙的环呀！后来为了纪念莫比乌斯，这个神奇的环就以发现者莫比乌斯的名字命名了。（补充板书：莫比乌斯）

师：这样一个伟大的数学发现居然是在不经意间产生了，所以同学们平时在学好书本知识的同时，要留心观察生活。生活中还有许多伟大的发明、发现等着用你们的名字命名呢！

（重新做一个莫比乌斯纸环，用笔尖代替小蚂蚁，在纸环的中间走一走。你发现了什么？我们可以用这个方法来验证莫比乌斯环）

3. 猜想探究,魔术揭秘

1) 1/2 剪

猜测:用剪刀分别将普通纸环和莫比乌斯环从中间剪开,看看得到的是什么?

结论:普通纸环变成了 2 个分开的纸环,而莫比乌斯环变成了 1 个大环。

问:这个大环是莫比乌斯环吗? 怎么验证?

再次剪:将刚才用莫比乌斯环剪成的大纸环,再次用剪刀从中间剪开,这次又变成什么样了呢?

先猜测再动手剪。

结论:竟然变成了 2 个套在一起的纸环,太神奇了!

2) 1/3 剪

生动手制作三等分的"莫比乌斯环"。

猜测:如果沿着涂色部分两边的边线剪开,猜一猜,要剪几次? 剪成什么?

结论:大小两个纸圈,并且套在一起,小的是中间涂色部分,大的是两边部分。

搜索网络资料并介绍利用"莫比乌斯环"作主火炬的原因:

在世界特殊奥林匹克运动史上,莫比乌斯环有着特殊的意义,其象征着连接起全世界智障人士的友谊,显出特奥会所崇尚的"转换一种生命方式,您将获得无限发展"的理念。以 2007 年世界夏季特奥会会标"眼神"为主题的纪念雕塑,其采用的原理就是象征着无限发展的莫比乌斯环。

中国科技馆的"三叶扭结",实际上就是由"莫比乌斯环"演变而成的,它表示科学之间没有边界,是相互连通的,科学和艺术也是相互连通的呢!

师:一盘普通的磁带,欣赏完一面音乐后,还要翻个面才能继续听,如果把磁带做成莫比乌斯环的形状,那么不翻面就可以听完整盘磁带了。

我们常用的打字机里面的色带就是"莫比乌斯带",使用这个神奇的带就不会只磨损一面,这就提高了利用率。类似的还有公园里的爬圈、工厂传送带……

第五章　总结反思

　　整个教育活动可分为三个层次：宏观、中观和微观。这三个层面构成了一个完整的教育系统。宏观层面是指政府关于教育的决策，是对国民教育的总体活动、总体设计和总体方针的指导和管理，是教育成功的基础。中观层面主要指宏观与微观之间的教育管理和活动，对教育走向具有重要意义。微观层面主要是指学校教育活动及其指导与管理，同时也包括教育者、学习者的活动。这个层面的教育对教育事业的整体走向至关重要。[①]

　　改革，是教育发展的原动力。教育改革是为满足社会、人民和教育的客观需求，在当前教育形势的基础上，把现有教育中的不合理的部分转变为合理部分的一种教育活动。[②] 但是作为一种系统性的人类活动，教育改革必然应该接受成功与否、科学与否的评判，因此，教育改革并不能够天然取得良好的成效这应该成为改革者的共识，建构科学的教育改革评价标准体系并对改革的进程和成果进行科学评价，也应该成为任何层面教育改革推进过程中必不可少的环节。

　　综合现有的相关研究，判断教育改革成功与否的标准主要有五点。

　　一是目标达成度。任何改革都有既定的目标，无论是具体的还是抽象的，长期的还是近期的，都是改革想要达到的成果。我国的教育改革目标归根结底都是为了促进学生的发展以及教育公平。因此，对教育改革进行评价时，不论采用哪种评价方法，最后都应评价其目标实现的程度。从理论上来说，目标实现的程度越高，这次改革就越成功。

　　二是付出最小代价。代价是指为获得某种收益或实现某种进步而做出的牺牲，是一种替代的价值，是相对于收获而言的。不可否认，任何教育改革都是有代价的，但这并不意味着进行教育改革时可以不计代价。教育改革必须充分考虑这次教育改革可能会让社会、教育者、学习者以及相关领域得到什么，失去什

---

① 何欢.浅论教育改革的评价标准[J].内蒙古教育，2019(1)：121－123.
② 何欢.浅论教育改革的评价标准[J].内蒙古教育，2019(1)：121－123.

么。尽可能地预测改革的潜在风险,权衡利弊得失,避免不必要的"牺牲",尽可能使改革付出最少的代价,得到最大的回报。

三是让社会最少受惠者获得最大利益。改革过程是不同利益者互相博弈与妥协的过程,在一定程度上相当于利益格局的重新调整与资源的重新分配。受教育权是人的一项基本权利,我们应尽最大努力保障教育的公平,包括起点公平、过程公平、结果公平。在改革过程中,我们应遵循公平原则和差异化原则,不能简单地通过牺牲个人利益来维护集体利益。为了促进教育公平,教育改革应尽量使社会中处于弱势的个人或群体获得更多的利益。同时,要对在改革中利益受到损害的个人或群体给予一定的补偿。而这是教育改革成功的基础。

四是以人的全面发展为最高目标。任何教育改革的最终目标都应是更好地促进人的发展。人的发展包括个体的自由全面的发展,个人与社会的协调发展。教育具有工具价值和内在价值两种价值。教育改革在为社会、政治、经济发展服务的同时,不应忘记教育自身的目的,不应为了政治、经济发展而忽视甚至牺牲人的发展。当两种教育价值观不能同时实现时,应该以教育的内在价值为基础,因为人的牺牲所赢得的社会发展不具有可持续性。

五是立足于教育改革发生的时空。任何改革都是在特定的社会背景下进行的,总是受到当时当地政治、经济和文化等因素的影响。同一项改革置于不同的社会背景下进行评价,可能得出完全相反的结论。它将随着整个社会经济、政治、文化的发展而变化。脱离改革的社会背景探讨教育改革的成败是没有意义的。因此,必须把教育改革置于其当时的社会背景下去判断成败,从社会背景中寻找改革的合理处与不妥处[①]。

上述标准体系建构了对教育改革行为进行成效判断的基本依据,接下来需要解决的是,教育评价成功与否应该由谁来判定,也就是教育改革评价的主体问题。通常而言,就学校层面的教育改革而言,其主要的评价者一是教师,二是学生。首先,综合教育改革最终能否实施,在很大程度上取决于教师的改革意识、改革热情和创造力是否能够最大化地被激发。教师作为教育改革的参与者和改革结果的承受者,其态度和行动对教育改革的成功与否具有重要意义。因此,必须把教师视为教育改革评价的主体之一,充分重视教师对教育改革的评价作用。其次,任何教育改革,只要没有促进学生的发展,就不能说是一次成功的教育改革,甚至不能被认为是一次合法的教育改革。教育改革的最大受益者应该是接受教育的学生。教育改革的最终效果应取决于学生的感受以及他们的成长和发

---

① 何欢.浅论教育改革的评价标准[J].内蒙古教育,2019(2):121-123.

展。学生评价是判断教育领域综合改革是否合理、是否成功的最终依据。从学校的角度出发，一方面要注重收集师生对于教育改革的评价建议，另一方面也要通过自主反思，明确改革的经验，厘清后续努力的方向。

第一节　对课程改革成效的反思

反思是一种重要的思想和行为改进方法。学界第一个对反思问题作较系统论述的是美国实用主义教育家杜威。19世纪30年代，杜威在《我们怎样思考》一书中将反思界定为："对于任何信念或假设性的知识，按其所依据的基础和进一步结论而进行的主动的、持续的和周密的思考。"从那时起，反思型实践被各种哲学和方法论的理论所影响。20世纪80年代以来，越来越多的学者开始关注反思型实践问题。唐纳德·舍恩是其中较有影响的一位，早在1983年，舍恩就认为在行动中进行反思可以使从业者在实践中变成研究者，并从固定的理论和技巧中解脱出来，构建一种新的适用特定情境的理论。1987年，舍恩给出了反思型实践的定义，他认为反思型实践是改进人们在某一特定领域的技能时的一个关键环节。反思型实践可以帮助某一领域的初始者识别自我实践和他人实践之间的相同点。当从业者依靠行动来获得知识，自发性地开展工作并产生意外的结果和惊喜时，反思就开始了。依靠行动进行反思，它发生在行动之中，并对如何重新进行活动进行思考。舍恩还认为反思型实践强调在把知识运用到实践的过程中认真思考自己的实践[①]。如今，随着教育领域对于"反思"价值的日渐认可，反思逐渐成为教师专业成长的一种有效方式，成为学校内涵发展和管理转型的重要路径。

对于学校的发展而言，一项项具体的改革行为成就了学校成长的原动力，借鉴反思理论，学校应该通过反思型管理模式的建构，不断审视学校范围内课程与教学改革的成败得失，在经验的不断总结梳理中推动学校持续性的内涵发展。从概念上说，反思型管理是管理者以自己的职业活动为思考对象，对自己在职业活动中所持有的观念、所做出的行为以及由此产生的结果进行审视和分析的过程，是管理者反省、思考、探索和解决管理问题的过程[②]。反思型管理同反思型教学一样，反思是其核心特质，如果说反思型教学是教师专业发展和自我成长的重要因素，那么反思型管理则是提升管理实践的科学性、合理性，提高管理效能的

①　刘丽丽.西方反思型实践理论综述[J].比较教育研究,2003(8):11-15.
②　揭水平.论反思型教研活动模式[J].中国教育学刊,2005(5):56-58.

重要保证,也是促进管理者走向成熟的有效途径①。从反思的内涵和反思型管理价值导向出发,我们认为,小学数学"益智学具"游戏化拓展型课程在实践中至少取得了如下方面的成效。

一、培养了学生的综合素质

教育的核心使命在于人才培养。把学生作为教育的逻辑起点已是目前中西教育界的共识。教育是关于人的学问,教育的原点是育人②。然而,在许多研究与实践中,学生或仅处于"形式上的存在",或被作为政治、经济、社会目的的实现工具,或被视为成人的附庸,结果导致被承载外赋功能的个体困于教育之中,个体、社会都未能完满。因此,彰显学生的生命价值,使"学生"不再成为对象化、口号化的"词和人",改变"有教书无育人、有知识无生命"的实践样态,提倡"学生立场"已迫在眉睫③。

进入新时代,"培养什么人、怎样培养人"已经成为事关党和国家前途命运的重大问题,也是我国社会主义教育事业发展必须解决好的根本问题。习近平总书记在全国教育大会上旗帜鲜明地提出"培养什么人,是教育的首要问题"的新论断,系统回答了"培养什么人,怎么培养人"这一教育根本问题,特别强调培养人要在坚定理想信念上下功夫,要在厚植爱国主义情怀上下功夫,要在加强品德修养上下功夫,要在增长知识见识上下功夫,要在培养奋斗精神上下功夫,要在增强综合素质上下功夫。"六个下功夫"明确了新时代学生的基本素质和精神状态,是我们做好新时代人才培养工作的行动指南④。其中对于培养学生综合素质的要求,有效破解了传统教育和人才培养中的目标、方向、内容、理念的偏差,成为实践之中推动教育变革和人才培养路径创新的重要指针。

综合素质是一个人相对稳定的内在品质,它不是各部分的简单相加,而是以人的先天条件为基础,在环境影响和教育干预下发展起来的诸方面素质的综合⑤。学生综合素质的培养需要建构完善的育人体系,但是其中最为重要的支撑就是学科教学、课堂教学的改革。

在川一看来,人才培养是学校改革与发展的关键性问题,任何课程变革,最

①　孙敬牛,葛金国.英语竞赛获奖之后——从管理的基本原理到学校的反思型管理[J].教育发展研究,2006(5B):65-67.
②　鲁洁.教育的原点:育人[J].华东师范大学学报(教育科学版),2008(4):15-22.
③　陈玉华.学生立场:教育研究与实践的出发与回归[J].中国教育学刊,2017(1):19-22.
④　张宁娟."六个下功夫":新时代人才培养的行动指南[J].教育研究,2018(9):17-20.
⑤　卢海弘,张也.综合素质评价研究:最新进展、主要难点及破解思路[J].现代教育管理,2020(5):46-50.

终的归宿都要落实到学生成长之上。在实践中，我们发现学生在运用"益智学具"开展游戏的过程中，动手、动脑、主动探索的欲望强烈，相互合作、共同探讨的行为随时发生，他们享受这种过程，并乐意互相共享经验、互相谦让理解、共同解决问题。通过在快乐活动日开设益智课程，让学生在"玩中学，做中学"，营造了一种开放、互动、有趣的数学学习环境。我们在以"益智学具"为载体组织学生开展游戏活动中也发现，游戏能够促进学生批判性思维形成，能够培养他们乐于合作、乐于分享的心理品质；能够潜移默化地教会他们用游戏思维解决数学问题；在一些策略性强的游戏中还包含着很多生活策略，学生能从中形成并将这样的策略运用于实际生活中，解决生活中难题。总之，拓展型课程的开展不仅激发了学生学习数学的兴趣，促进了学生数学思维能力的提升和发展，也有效提升了学生的认知能力、合作能力和实践能力，培养了学生适应未来生活的关键能力和核心素养，为建构新时代高水平人才培养体系提供了支撑。

在"华容道"教学中培养学生数学思维

在大力推广素质教育的今天，改变学生的学习方式，注重培养他们的创新意识，使之会学习，具有分析问题、解决问题的能力，已成为学校新课程实施和教育创新的重要任务。"学中玩、玩中学"已经成为教学中的一个共识，益智游戏渐渐成为教学中一个必不可少的内容和环节。益智游戏不但可以发展学生的空间观念，使学习更加接近生活，而且可以在游戏的同时渗透思想品德的教育、培养学生良好的学习习惯和心理素质，有力地促进他们的全面发展与提高。

巧脱红心，红心回归都是基于我国古老的益智游戏"华容道"变形而来。

我深深地发觉，学生的潜能是巨大的，如此复杂的游戏拼摆过程，学生兴趣盎然，拼摆时不达目的不罢休，这充分说明了我们的孩子都是聪明、善钻研的，我们更应该努力地开展好游戏教学，让孩子们能在一个平等、民主、轻松、和谐的氛围下，进行自主性、探究性、创造性学习。我想益智游戏的魅力在于：

（1）重视培养学生的数学逻辑思维能力。游戏中移出让红心，要求孩子们有较强的逻辑思维能力，每走一步都要进行思考，否则将面临无解的可能。

（2）重视磨练学生的意志力。这个游戏复杂多变，解法很多，可磨炼孩子的意志。

（3）重视培养学生的创新意识。活动中学生体验到游戏带来的无穷乐趣，他们在尝试、感悟的过程中有所体会，并能充分大胆地表露出来。

学生通过玩华容道的游戏，不仅了解了历史故事，也做了动手实践，真切地感受到了经典游戏的魅力,还从中获得了大量数学经验。游戏千变万化的内容,复杂的玩法,激发了学生强烈的探究欲望,培养了学生的数学逻辑思维能力,对学生的意志力也是一个极大的挑战。

益智游戏课上,教师要敏锐地把握住课堂中出现的每个课程资源,及时有效地调整教学,这是一个很大的挑战。布局不同的玩法,可有效激发学生的兴趣,提高学生的探究热情,活跃课堂气氛,同时,也让学生学会了从数学的角度看待问题,用数学的思想方法去解决问题。

(本文作者:刘文庆)

通过益智游戏培养学生逻辑思维能力

思维能力的培养在提倡素质教育的今天,变得越来越重要。学校和教师不仅是知识的传播者,更应该是学生潜能和聪明才智的培育者。学生的逻辑思维能力发展得越好,自制能力、自学能力和自立能力就越强,这将对学生的终身发展起到良好的促进作用。其中,棋类游戏就是一项不错的培养学生逻辑思维能力的活动。

一盘棋,走一步要推几步,想好对应的招数。棋书有云:"不得贪胜,入界宜缓,攻彼顾我,弃子争先。"在对局中,往往在"中盘"阶段争夺最为激烈,并且决定胜负。这就要求棋手有缜密的大局观,细致地去分析形势,懂得取舍。而这些恰能锻炼学生逻辑推理方面的能力。

棋是千变万化的,下棋时要用旁通思维,发散思维,多方位、多角度地寻找对策。而这能启发学生的聪明才智,开阔他们的思路,使之学会举一反三,从不同角度思考问题。

校本学本《益智游戏》二年级和四年级中,都有"翻转棋"这一内容。二年级学本中,主要是向学生介绍翻转棋的游戏规则以及下棋时需要注意的事项。而四年级学本中,则侧重技巧方面的指导。

二年级《翻转棋》中,开门见山地引出"翻转棋",并介绍"翻转棋"的游戏规则。四年级《翻转棋》中,第一次问白棋放在哪个位置好,目的是让学生通过观察得出,不能只满足于"可以翻转对方的棋子",而是要想办法一次多翻转对方几个棋子。第二次问白棋放在哪儿好,是要引出下好翻转棋的技巧之一:抢"边"的重要性。

这是第一种摆放法(图示略)。

这是第二种摆放法(图示略)。

通过这两种摆放法的对比,学生感知到了抢"边"的重要性。

实践环节,通过介绍如何抢"角",体会抢"角"的好处,使学生感知在玩翻转棋时,抢"角"比抢"边"更重要。俗话说:金"角",银"边",草"肚皮"。

所谓翻转棋,棋盘为 $8×8$ 方格,共 64 个棋子,棋子正反面为黑和白。开始时,两个黑棋与白棋置于棋盘中央,双方轮流下子,放在棋盘空格上,放下的棋子必须与另一端已方棋子相对应,而被夹在中间的对方棋子全部翻转成为已方棋子,当放下的棋子无法翻转对方的棋子时,就不能下在这个位置。通过相互翻转对方的棋子,最后以棋盘上棋子多少来判断胜负。

翻转棋通过热身运动、快乐参与、大显身手、探索无限四个板块层层递进,带领学生从"无知"到"有知"再到"熟知",从而真正走进翻转棋。

鲁迅先生有句名言:"游戏是儿童最正当的行为,玩具是儿童的天使。"游戏是适合于小学生特点的一种独特活动方法,也是促进学生思维发展的一种最好活动方式。翻转棋就是一种有益于学生思维发展的益智游戏。在翻转棋对战的游戏里,学生的思维得到充分的发展,各种能力得到锻炼。

开发逻辑思维能力,需要借助有效的活动形式。能够训练逻辑思维能力的形式固然很多,但对于小学生来说,并不是每种方法都适用。此时的孩子,更需要生动有趣而又生动耐玩的形式,才会乐此不疲。从智力开发的角度看,棋类大致分为两种,"思维型"和"运气型",翻转棋属于"思维型"的棋类。

在活动中,教师要从学生的真实操作出发,发现学生对战中自主探索的策略及时予以肯定和鼓励,不轻易否定孩子,而是加以引导和启发,充分开拓孩子的多向思维,让他们尝试每一种可能性并找到最佳招数。在教学中尤其要注意调动孩子的热情和积极性,让他们有充分的兴趣探索翻转棋的技巧。

翻转棋游戏培养了学生的逻辑思维能力和想象力,提高了他们思维的敏捷性、严密性,培养了其分析推理、判断、计划等多种能力。小学生具有顽皮、好动、难以持久集中注意力的特点,而翻转棋的游戏吸引了他们的注意力。学生在玩棋时,每走一步棋都要动脑筋,在想想玩玩中思维能力得到了发展,也逐步养成了推理判断的习惯。棋路变化锻炼了学生的观察力、注意力、记忆力、想象力、分析判断力、逻辑思维能力。久而久之,孩子们的智力水平可以得到明显提高。

(本文作者:罗爱华)

二、促进了教师的专业成长

教师是教育的第一资源,是教育变革的核心推动力量,也是教育质量和人才培养品质提升的关键因素。自 20 世纪 50 年代教师专业发展的理念明确提出以来,如何快速有效地促进教师队伍的专业成长,提升教师队伍的整体素质和水平,一直是世界各国政府和教育主管部门制定教育政策的重要出发点,是学校教育治理的重要着力点,也是所有教师为之不懈奋斗的重要使命。

回顾改革开放 40 多年来我国教师队伍建设和教师专业发展工作,可以感受到一条明显的法制化、专业化、高素质的教师发展之路。在这一过程中,有五个鲜明的时间节点和标志性事件:其一,1994 年《中华人民共和国教师法》的制定和实施,标志着教师队伍建设开始走向法治化轨道;其二,2012 年,中小学、幼儿园《教师专业标准》的制定,标志着教师队伍建设开始走向专业化道路;其三,2010 年"全国教书育人楷模"评选,以此为标志,教师队伍建设走上师德提升之路,强调师德建设成为教师专业发展的重中之重;其四,以基础教育课程改革为契机,教师的角色和身份在不断转型,教师深度参与课程变革成为可能,在这样的基础条件下,一大批名师快速成长;其五,走进新时代,在"四有"教师的引领下,教师队伍走上创新发展之路[①]。上述五个阶段性特征清晰地描绘了我国教师队伍建设的整体走向,也昭示了持续性加强教师队伍建设,促进教师专业成长的时代价值。

随着中国特色社会主义建设进入新时代,教师是教育发展第一资源的战略意义更加彰显。面对新方位、新征程、新使命,加强教师核心素养和能力建设,是适应新时代教育事业发展的内在需要,是践行立德树人根本任务、落实人才培养需求的根本保障。而促进教师核心素养和能力的发展,需要有力的政策支持[②]。

2018 年新年伊始,中共中央、国务院发布了《关于全面深化新时代教师队伍建设改革的意见》(以下简称《意见》),这是新中国成立以来党中央出台的第一个专门面向教师队伍建设的里程碑式政策文件。出台《意见》,是以习近平同志为核心的党中央高瞻远瞩、审时度势,立足新时代作出的重大战略决策,将教育和教师工作提到了前所未有的政治高度,对于建设教育强国、决胜全面建成小康社会、夺取中国特色社会主义伟大胜利、实现中华民族伟大复兴的中国梦,具有十分重要的意义。《意见》全面提出了新时代教师队伍建设的重要意义、总体要求、基本原则、目标任务,强调要着力提升思想政治素质,全面加强师德师风建设;要大力振兴教师教育,不断提升教师专业素质能力;要深化教师管理综合改革,切实理顺体制机制;要不断提高教师地位待遇,真正让教师成为令人羡慕的职业;

---

①　成尚荣.走法治、专业、优质、创新之路:改革开放 40 年教师队伍建设回眸[J].人民教育,2018 (21):28 - 32.

②　王光明,廖晶.改革开放 40 年来我国中小学教师政策的发展历程及特点分析[J].课程·教材·教法,2018(11):4 - 10.

要切实加强党的领导,全力确保政策举措落地见效①。这一系列重要的政策和部署,实际上都昭示着新时代教师队伍建设的重要意义,也呼唤各级各类政府和学校持之以恒地建构教师专业发展的有效举措。

（一）学校促进教师专业发展的主要策略

如何在尽可能短时间内促进教师专业发展？马斯洛需要层次理论给我许多启发。需要层次理论把人类复杂多样的需要从低到高分为七大类:生理需要、安全需要、归属和爱的需要、尊重需要、认知需要、审美需要和自我实现需要。前四者称为基本需要或匮乏性需要,把后三者称为心理需要或成长性需要。一般情况下,当某种低层次的需要得到部分满足后,就会向高层次的需要发展。但在特殊情况下,如果个人有非常强烈的自我实现需要和非常明晰的自我实现目标,即使低层次需要未得到满足,也有可能追求高层次需要。于是,满足基本需要,引导成长性需要成为我的主要工作方法。

1. 专业理想建设,从办学历史中汲取营养

俗话说,"志不强者智不达"。教师的专业理想直接影响其教育教学行为和成效。既然四川北路第一小学的老师个人能力和素质很强,只是方向有所偏颇,我就从教师专业思想建设着手,重新将教师的精力引向正确的轨道。教师专业思想,说白了就是教师的追求,就是教师的理想。换句话说,教师应当为什么样的目标去奋斗？为什么样的梦想去拼搏？应当成为一个什么层次的教师？

如何坚定川一教师的专业理想？我想到了学校在长期办学中形成的文化。川一是一所具有文化积淀和历史传承的百年老校。一百年来,学校始终坚持"温、良、恭、俭、让"全面提升的校训,秉承"德、智、体、群、美"五育并举的思想,坚持不懈、砥砺前行、开拓进取,为持续发展注入活力,为师生成长提供养料。

进入新世纪,由赵小敏校长领导的工作团队传承历史,创新发展,树立了"百川归大海,一路求融合"的办学理念,唤起了所有老师的工作激情,学校声誉蒸蒸向上。学校也逐渐形成以"融合"理念为指引,以"和谐、发展"为关键词的良好校风。虽然在第三轮三年规划时期,由于多方面因素,学校遭遇前所未有的发展瓶颈,但是学校文化和发展理念得以传承。

于是,根据学校长期形成的办学文化,学校确立了专业理想建设的三项内容。

第一,和谐为内核。学校开展了"营造和谐的育人环境的实践与研究",以创

---

① 中华人民共和国中央人民政府.中共中央 国务院关于全面深化新时代教师队伍建设改革的意见[EB/OL].(2018-01-31)[2020-03-19].http://www.gov.cn/zhengce/2018-01/31/content_5262659.htm.

建和谐校园为主体,着力构建悦读、悦人、悦心的人文环境,实现教师之间、师生之间、学生之间的有效互动、平等对话,互敬互爱,互学互助。

第二,融合为外延。做大做强做实"融合教育",将"融合"的理念渗透到学校工作的各个领域:融合科学管理、人文管理与制度管理;融合全面育人、全员育人和全程育人;融合学校教育、家庭教育和社会教育;融合学生资源、教师资源和家长资源。诸育并举,知行合一。

第三,发展为目标。学校明确了教师、学生、学校各自的发展目标。教师成长方面,以培养师德情操高尚、职业情意坚定、专业知识扎实、教育技能全面、文化事业开阔、懂教育、负责任、有爱心的专业化教师队伍为目标。学生培养方面,以培养品行优、习惯好、身心健、责任强、懂感恩、会珍惜、善自理、有特长的学生为目标。学校发展方面,以建设办学理念先进、内部管理优化、教育质量上乘、有独特资源优势、有鲜明办学特色、有优秀教育品质、在区域范围内有较高信誉度和一定影响力的优质公办小学为目标。

2.专业品格提升,运用"时间法则"点滴入化

教师专业品格的核心内容有三个:一是育人为本,二是为人师表,三是终身从教。这三点说来容易,但是能在日复一日的琐碎工作中坚持到底需要非常强大的心理品质。为此,学校根据心理学和教育学理论,结合"百川归大海,一路求融合"的理念,以教师为中心,通过协调人际关系和改善环境,调动教师积极性、主动性和创造性。从细微处见功夫,从点滴做起。具体来说,有以下四点。

第一,"薄荷时间"——带给师生好心情。所谓"薄荷时间",就是让教师一天保持好心情,在进校之初就感觉心情愉悦,如薄荷般清新。做到这一点,早晨进校的人文关怀是非常重要的。我们将进校铃声换成愉快的儿童歌曲,给老师们准备早餐,把8:00—8:35作为全校师生每日阳光体育运动的早锻炼时间,等等。实践证明,这种从细微处入手的改变营造了舒适的环境,清新的"薄荷时间"有助于师生在舒适的心情下进入一天的工作学习中。

第二,"太空时间"——疏导心理促信任。所谓"太空时间",就是利用心理学中的"抽离法",让教师把一切不愉快的记忆和情绪抛开,毫无拘束地说出心里话。学校校长室和书记室成了名副其实的"心理辅导室",每个教师都能畅所欲言。教育的最高境界是"心"的管理,只要把大家的"心"病治好了,其他一切就顺利了。同时,我们通过多种形式定期进行校务公开,切实维护好教职工的合法权益,利用一切时机与教师谈心,及时发现教职工在工作、生活中的难点和热点问题,帮助他们排忧解难。"太空时间"让每一个教职员工打开心结,抛开负面情绪,轻松投入教育教学工作中。我们一直坚信,因为理解所以信任,因为信任所

以支持。

第三，"黄金时间"——打造命运共同体。所谓"黄金时间"，就是让尽可能多的教师谈办学思路，亮工作风格，做全方位沟通，大家共同学习，一起进步。学习型社会已经到来，终身教育的理念深入人心，走在知识传播中心的教师队伍必须身先士卒才能适应时代潮流并作出自身贡献。因此，在每周的"教研组活动、校务扩大会议、全体教师会议"中，我们总是尽量精心安排学习内容，通过各种途径谈办学思路，亮工作风格，做全方位沟通。

学校试行把每周五的"行政会"变为"行政扩大会"，将各学科组长、办公室室长扩展到行政会议中，为学校工作群策群力。每周五的全体教师会议通常包括"音乐欣赏、新书交流、工作部署、好人好事表扬"四环节，教师可以在音乐欣赏中陶冶情操、在新书交流中进行思想碰撞，在工作部署中第一时间了解群众思想动向，在好人好事表扬中看到自己工作得到同事和领导的赞赏和肯定。"黄金时间"让川一形成了一个团结努力、勤奋进取的领导班子和一支方向清晰、蓬勃向上的教师队伍。

第四，"蜜糖时间"——凝聚力工程乐陶陶。所谓"蜜糖时间"，是每月一次，由学校工会牵头开展的各类"论坛"以及"社团"活动。教师们可以在这个时间里，泡上三五杯咖啡，喝喝茶，看看书，聊聊时事新闻；也可以在音乐的陪伴下，舒展筋骨，进行瑜伽训练，享受心灵 SPA；还可以在羽毛球馆里挥汗如雨，感受运动的刺激，竞争的快乐。工会还通过组织"向幸福出发"读书活动，促进教师文化活动品格发展。在学校工会的领导下，教工精神文化生活丰富了，工作压力舒缓了，人文素养和审美情趣提高了。而且，通过各式论坛的设计，组内教师在合作中，产生了更多新的思路和想法，不断完善自我，把个人的优势转化为集体的优势，团结合作的教师群体成为学校一道亮丽的风景线。在"蜜糖时间"里，老师们暂时放下日常教育教学，促进自身全面发展，夯实了自己作为教师的基本素养。

3. 专业知识、能力、智慧强化，多措并举

"教师的发展有多远，学校为他们搭建的平台就有多远"，这是学校领导团队坚持的基本原则。

第一，以多种培训方式针对性地促发展。为保证教研活动质量，确保教研活动规范、有序、高效地开展，学校特别制订了校本培训制度，教研组日常管理制度，师徒结对制度，教师备、上、听、评课要求等，要求教研活动倡导"融合"氛围，遵循"四定"原则：定主题、定时间、定内容、定主讲人。每学期的教研组活动计划都与校本培训"实践与体验课程计划"紧密结合，并互相依托。

教研组作为最基本的学习型组织，团队合作是校本教研的灵魂。我努力为

每一次"主题式"培训创设团队合作学习的环境,用心打造一个个学习型团队。在日常研讨活动中,在团队成员互动中,教师的实践知识得以积累、教学智慧得以增长。

为促进教师快速成长,我采取多种培养方式,如配导师带教引领(聘请市、区教研员和教学名师为导师)、压担子激发动力(参加华东师范大学举办的高端研修班)、委重任开发潜能(承办市、区级教育教学特色展示活动)、作表率担当责任(带教高校实习生、参与拓展型课程研发)。

第二,聚焦课堂全面提高教学基本功。课堂教学是学校工作的重要组成部分,我校通过市级课题"激发小学生主动学习的'六个一'教学策略研究"和"促进教师能力发展的'六个一'做法研究",优化课堂教学策略,改变教师教学行为,促进学生主动学习。"六个一"把空间最大限度让渡给师生,让教师在自主管理中提升专业发展水平,促进自身成长。

同时,学校通过严格的教学常规管理,确保教学工作高效、有序运行。学校明确了"课程标准是基础,管理制度是保障,常规检查和不定期检查是手段"的策略定位,在细节管理上聚焦"备课、上课、作业、辅导、评价"五环节,提出"四精五重"(精:备课、讲课、教学形式、批改作业;重:教材的理解、教师学科专业培训、随堂听课制度、命题能力、教学评价与反思),直接促进了教师各项课堂教学技能的提升。

课题研究与规范管理双管齐下,学校教师的教学行为实现了"以教师、教材、讲授为主"到"以学生、问题、探究为主"的转变。现在,学生自主管理、自主探究、自主发现已经成为普遍的教学模式,学生的探索精神、合作能力、解决问题的能力得以培养,教学相长从理论变为现实。

第三,校本研修促进教师综合素质提升。校本研修是完善教师职业生涯发展规划、全面提高教师素质、有效提高教学质量的基本途径。我校将校本研修作为教师发展的积极方式,从学校发展战略高度谋篇布局,科学制订发展目标和实施方案,多措并举确保校本研修顺利推进。

师德是教师队伍建设的重要内容,学校开设多种师德课程,激励教师将理论与实践相结合,牢固树立"学高为师,身正为范"的师德准则。课程有"规范课堂教学行为,提升教师的师德修养""学会感恩学生,提升教师师德修养""学会赏识,创建和谐师生关系"等。学校还开展了寻找"身边的好老师"活动,汲取榜样力量,激励自己奋力前行。

此外,学校定期开展"提升教师专业自觉和人文素养"主题活动,如"书香伴我行""书香告诉我""书香教我做""书香这么说""书香指引我"。七年来,教师们作了二十余次读书报告，撰写了近三百篇读后感。通过这一系列活动，教师们源源不断地汲取书中的文化内涵，丰富自身的文化素养，逐渐成为有深厚文化积淀的"读书人"，教师的综合素质得到了明显提升。

培训课程和主题活动并驾齐驱，使校本研修兼具系统性和灵活性双重特点，调动了教师学习的积极性，提高了教师利用碎片化时间学习的可能性，成为学校促进教师专业发展的一个亮点。

第四，拓展型课程开发实现学以致用。拓展型课程是学校根据自己的实际情况，有针对性地自主开发研制的教育产物，能够更加适应学生心理的发展变化，促进学生个性的全面发展。多年来，我致力于拓展型课程的开发，既为学生的个性化学习提供素材，又为教师的专业发展搭建新的平台。学校科研室成立了多个课程开发小组，由老教师做领头羊，带领青年教师共同开发研究。学校为各课程小组聘请了相关专家，为课程的顺利研发提供了坚实的专业知识和专业技能的支撑。通过课程开发，教师不再仅仅是课程的消费者和被动的实施者，而在某种程度上成为课程的生产者和主动的设计者，教师的课程能力得到了全面的提高。

通过课程开发，学校赋予了教师更大的选择权和决策权，极大地调动了教师的能动性，有效促进了教师的专业自觉，他们积极、主动地使自己走向专家型教师。

4. 专业发展路径，量身定制的个人发展平台

教师是活生生的人，他们有各自的情感、需求，也有不同的性格、兴趣爱好、意志品质等，这些都是教师专业发展中的重要影响因素。为此，学校与教师一起，对个人进行全面细致分析，在此基础上，确定每位教师的职业需求和发展方向。即"一析四定"。具体如下。

第一，定"个人目标任务"。学校制订每轮三年发展规划时，要求教师同时制订个人三年发展培养规划，以教师专业发展为目标，明晰各个阶段具体的奋斗目标以及实施计划。

第二，定"专业发展保障"。学校和教师共同协商确定实现教师个人目标任务需要的途径和方法，如提供外出学习机会、聘请专家代教、搭建平台加强实践等，由学校予以保障。

第三，定"理论及专业知识要求"。这是学校根据发展目标对教师学习方面提出的具体要求和量化标准。具体要求因教师任教学科、原有技能水平的不同而有差异。但大体内容包括阅读书目、强化专业技能、获得学历或专业证书等。

第四，定"教育教学实践活动要求"。这是学校根据发展目标对教师工作方

面提出的具体要求和量化标准。具体要求也因教师职级、年龄等的不同而有差异。主要包括公开课和实践课、撰写教育教学案例、参加课题研究与发表论文等。

教师专业发展包括两个方面：一方面是教师自身的专业成长过程，这是教师通过自身自省和反思在专业知识与技能态度上实现个人成长；另一方面是促进教师专业成长的过程，这是学校或其他部门开展的各种提升专业的学习活动或培训活动，以期促使教师达到教师专业标准，促进教师得到专业成熟。这两方面是相辅相成的。"一析四定"方法的运用，将教师自身的专业成长与教师队伍的专业成长有机结合在一起，并不因为集体利益牺牲个人发展，也不因个人利益影响集体成长。

（二）益智课程对教师专业发展的多维提升

教师是教育的第一资源，如何有效促进教师专业成长是学校管理需要思考的重要问题。教师专业发展与其课程意识和课程能力显著相关，通过深度参与课程建设与变革提升教师的课程意识，可以有效促进教师专业成长，这是国内外教师专业发展研究与实践已经形成的共识。数学益智学具游戏化课程的开发与实施，是一项全新的创新实践，对教师也是一种挑战，没有现成的经验可借鉴，读本内容的编写设计都是教师们自己开动脑筋所作，都是原创。在读本内容的编写过程中教师要努力去了解去学习，掌握这些知识，掌握相应的信息技术，无形中也拓宽了教师的知识面。在拓展型课程开发中教师要熟悉课程的全部内容，确定课程目标、课程内容，负责课程实施、课程评价。拓展型课程的开发本身就是一个教师参与科研的过程，教师不仅要研究学生、了解自己，还要研究读本内容、活动过程、课程评价等；不仅要研究问题的解决，还要研究合作学习方法等。通过对益智学本的实践研究，老师们形成了初步的经验与体会，并在区级层面进行了交流，起到辐射引领作用。我校的周嘉诚老师在市级开放活动中，展示了"幻方"一课，得到上海市小学数学教研员姚剑强和上海市著名数学特级教师潘小明的认可和好评。唐邵俊老师运用益智学具在第二十八期西部教师培训班中展示了"汉诺塔"一课，得到了在场老师们的认可和好评，也让老师们对益智学具产生了浓厚的兴趣。

值得一提的是，在益智学具游戏化拓展型课程的实施过程中，我们特别关注了教师课程领导力的提升问题。古德莱德（Goodlad）认为，"课程"应该被划分为五个层次，即五种不同的课程形态，分别为"理想的课程""正式的课程""领悟或理解的课程""运作的课程"和"经验的课程"。从课程改革的趋势来看，各个国家都在追求个性化，而从各个国家课程改革的现状而言，从理想的课程到学生经验的课程之间有较大的落差。随着课程改革的深化,总体来说越来越重视课程领导。提升教师课程领导力是当前上海基础教育课程与教学改革的重要内容,经过两轮(目前已经到第三轮)的课程领导力项目集中攻关,上海已经形成了提升教师课程领导力水平的一系列经验。在内涵理解上,认识到学校课程领导力指的是学校利益相关人员在课程领域,包括课程愿景、课程目标、课程内容、课程组织、课程评价等方面的相互作用,并实现目标的过程。在运行方式上,认识到学校课程领导力是建立在课程环境、课程文化和课程约束条件下的协同能力①。在改革价值上,认识到课程领导力也许不会直接对学生的学习产生影响,但它可以通过改变学校的课程理念、愿景和目标,课程结构、内容和实施过程,教师教学和资源等方面的条件和发展过程,间接对学生的学习产生影响②。

　　我们认为,教师是课程实施的主要主体,教师能否自觉认识到其课程价值,能否具备保障课程实施质量的课程设计力、理解力、执行力和评价力,是关涉拓展型课程实施质量的关键问题。基于这样的理解,我们在研究的过程中始终坚持以行动研究为主要方式的研究思路,让教师亲身参与到课程变革的实践之中,在实践中体会课程改革发生发展的现实情况,形成对参与课程变革的积极态度。同时,通过专家讲座、校本研修等方式,让教师丰富课程领导的相关知识储备,形成设计课程、实施课程和评价课程的相关能力,为拓展型课程的有效实施奠定人力资源基础。

　　以下案例体现了教师在小学数学益智学具拓展型课程开发中的自主探索和思考,这既是教师参与研究的过程,也是实现其专业成长的过程。

在数学教学中如何开展益智游戏

　　兴趣是学生学习数学知识的钥匙。作为教师,在教学时可以围绕让孩子有兴趣这一目标开展教学活动。数学与其他学科相比较,它的逻辑性与抽象性非常强,学习难度大,很多孩子很容易在数学的学习过程中产生抵触心理,不愿意花精力和时间去思考。在数学教学中穿插益智游戏,能够改变孩子们的这种学习心理,让学生能在轻松的环境中掌握数学知识。

　　一个数学益智游戏的设计,必须经过严密的安排、设置,有计划地进行,才能充分发挥游戏教学的作用。一个好的数学益智游戏,无论是内容还是形式,都应

---

　　① 金京泽.简论学校课程领导力之上海模型[J].上海课程教学研究,2019(12):6-12.
　　② 菲利普・贺灵杰.学习型领导力:模型及核心维度[J].教育研究,2013(12):118-128.

该对学生产生强烈的吸引力。也就是说,设计数学益智游戏要树立精品意识,满足学生喜欢新奇、讨厌呆板的心理。一要注意求新,给学生耳目一新的感觉。二要注意求活,在组织开展游戏时不仅要强调教师的组织作用,更要重视学生的主体作用。教师要正确处理教学活动中的主体与主导的关系,充分发挥学生的主体性,使学生在游戏过程中能体验到数学益智游戏的乐趣。学生是学习的主体,教师是主导。在活动过程中,对于不同情况教师应善于以不同的角色,即"合作者""发现者""援助者""评价者"等,对小学生进行启发、激励、辅导,并组织评价。①

在这次学校益智游戏学本的设计过程中,我们担任了"扫雷"这个游戏的编写。"扫雷"游戏是电脑 Windows 系统自带,它虽然是个小游戏,但韵味无穷。我刚玩这游戏的时候,根本不知道怎么去推理得出哪个方块是雷,后来慢慢摸索了一阵,同时在"扫雷"高手方老师的指点之下,终于知道了在这个小小的游戏中,渗透了数学的逻辑推理思想。

这款游戏包括雷区、地雷计数器(位于左上角,记录剩余地雷数)和计时器(位于右上角,记录游戏时间),确定大小的矩形雷区中随机布置一定数量的地雷(初级为 9×9 个方块 10 个雷,中级为 16×16 个方块 40 个雷,高级为 16×30 个方块 99 个雷,自定义级别可以自己设定雷区大小和雷数,但是雷区大小不能超过 24×30)。由玩家逐个翻开方块,尽快找出雷区中的所有不是地雷的方块,而不许踩到地雷,以找出所有地雷为最终游戏目标。如果玩家翻开的方块有地雷,则游戏结束。

"扫雷"这款游戏,绝对不像想象中的那么简单易玩。作为一款益智游戏,首先,它可以培养游戏者下列品质。一是好奇心。可以引发游戏者反复探索"雷"的位置和空白区域的范围,乐此不疲。二是耐心。遇到失败不放弃,耐心地寻找,进而掌握游戏窍门,并熟练操作。其次,这款游戏最为重要的是很好地培养了游戏者的逻辑推理能力。这款策略性的游戏,要求游戏者具备极其缜密的逻辑思维和推理能力。要想在游戏中获得胜利,挖出所有隐藏的"雷",主要还是靠逻辑推理,只有掌握游戏的诀窍作出精准的判断才能实现。从一个个相连接的九宫格中通过中心数快速判断出"雷"或空白区域的位置,就是靠一次次逻辑推理来完成的。只有在不断地探索中才能领悟其奥秘,逐步缩短游戏时间并提高正确率。从一开始一味去找"雷"的位置到找空白区域的位置,在思维上就是一个跨越。从小块区域的点击扩大到整个区域,又是一个跨越,充分显示出游戏者

①　张英朴.浅谈小学数学教学中游戏的运用[J].学周刊,2012(12):142-143.

所具有的大局观。

- 排成一行的格中，两个 1 夹一个 2，1 底下必有雷（标注为红旗的就有雷）
- 两个 2 夹一个 1，中心的 1 底下必有雷（1 下面的红色标注位置就是雷）
- 两个 2 夹 n（n＞1）个 3，至少 3 底下全有雷（标注为红旗的位置是雷）
- 两个 2 靠边，2 底下都有雷（红色标注位置就是雷）

就是这样一款看似简单的游戏背后竟然隐藏了这么多的奥秘。在开展益智游戏时，所选择的游戏要贴近教学内容，能够反映数学知识的本质，寓教于乐，激发学习数学知识的兴趣。开展的游戏教学要能够体现出数学研究的思想方法以及应用价值，同时也要能够营造出广阔的思维活动空间，使学生在游戏的过程中思路越走越宽。游戏内容要选择学生感兴趣的，与生活实际密切相关的素材，展现数学的概念、结论，体现数学的思想、方法，体现数学学科的应用价值。在游戏中学习，使学生感受到数学就在自己身边，数学的应用无处不在。

喜欢做游戏是孩子的天性，游戏是他们最熟悉并且乐于参与的活动。他们在游戏中认识事物，并在其中汲取生长所需要的知识和经验。如果我们把游戏和教学结合起来，使其融为一体，相互促进，就会收到事半功倍的效果。

（本文作者：方琴，毛峻竝）

"巧板"游戏的探秘

"T"字之谜就是我国古代玩具四巧板，它与二年级数学教学中的七巧板有异曲同工之妙，还有奇特的益智玩具"破碎的蛋"，也就是九巧板。这类巧板通过变形和延伸，如添加一些符合现实的设计，使拼出的图案更加栩栩如生。各类巧板，都是相当吸引人的玩具，拼图时必须使用所有积木块，角与边可相连接，但组件不能重叠。玩法可依图造型，亦可自创花样。拼出的图形，可说是变化无穷、极富趣味。巧板类益智玩具能拼出许多具有一定意义的精美形状，如日月星辰，花鸟虫兽，人器物等，种类丰富，想象空间很大。这让学生能够用数学的眼光发现生活中的数学之美。

立足"巧板"拼摆游戏，我通过引导学生拼摆图形，到创意图形，培养学生观察事物的能力、图形匹配能力和团队协作能力。"巧板"是一款传统的益智游戏，其设计中蕴含了丰富的逻辑关系，数学方面的知识，难度更大，对于培养和增强学生在扩散思维、想象力、创造力等有很大帮助。这不仅能培养学生数学核心素养中的"空间观念""几何直观"，更能够让学生发现"巧板"之间的异同之处，用同样的思考方法来解决不同的数学问题，培养学生建立起共通的"模型思想"。

让学生在玩的过程中接触到尽量多的数学和自然科学知识,尽早地培养他们对数学中几何的兴趣,可以为孩子们未来的学习打下良好的基础。"巧板"的课程是依次递进的,在学习了长方形、正方形、三角形、平行四边形、梯形、圆等平面几何图形,有一定的空间想象能力之后,拼摆四巧板、九巧板,可以引起学生对学习巧板是的浓烈兴趣,特别是对拼出不同形状图形的强烈的好奇心。借助这些拼摆游戏,学生在动手中启迪了心智,学会了用数学的方式来解决问题,在玩乐间拓展了思维。

通过探秘巧板游戏,学生的动手能力、观察能力、空间想象能力和创造能力有了很大的提高,学生在活动中得到了无穷的乐趣,在生活中"巧板"游戏与孩子们成了形影不离的好朋友,学生"学数学""用数学"的兴趣更加浓厚。

课堂教学中的自主、合作、交流、自评与互评,充分发挥了学生的主体性。学生的合作、创新、动手动脑的能力也得到了提高。

(本文作者:唐邵俊)

关于小组合作的思考
——"汉诺塔""可能性"教学案例分析

合作交流是小学生学习数学的重要方法之一,其意义和价值已经被很多老师所接受。但怎样摒弃形式主义,充分发挥合作交流的效应,仍是小学数学教学改革所关注的热点和难点问题。本文结合实际案例,谈点体会。

一、是主动还是被动

[案例 A]"汉诺塔"教学片断

活动一:挑战三层汉诺塔,总结规律

(1)能用最少步数完成三层汉诺塔。

(2)知道如何"解救"大盘。

(3)学生挑战三层汉诺塔,并汇报展示。

请三名同学分别展示三层汉诺塔的玩法,看一看他们是否掌握了游戏规则。在摆的过程中,请同学们思考:第一个圆盘放到了哪儿,中转柱还是目标柱? 用了几步?

发现并总结三层汉诺塔的规律:

汉诺塔的层数是单数的时候,第一个圆盘放在目标柱上;

汉诺塔的层数是双数的时候,第一个圆盘放在中转柱上。

推理：如果增加汉诺塔的层数，是否也是这样的规律？

活动二：挑战四层汉诺塔，发现问题

推测：根据前三层汉诺塔的摆法，推测一下，要使四层汉诺塔步数最少，第一个圆盘应该放哪根柱子？

（生：中转柱？）

一起来验证我们的猜想。

学生挑战四层汉诺塔，并汇报展示：

请一名同学为我们展示移动过程。大家一起看一看：一共用了多少步？第一步放到哪儿？

小结：我们发现随着圆盘位置的转换，起始柱、目标柱和中转柱的位置也会随之发生变化。看来规律不仅可以用在第一步上，也适用于整个过程，要随着圆盘位置的改变，不断地思考。

学生是因为需要而主动地合作交流，还是迫于老师安排去合作交流，这两种心态会产生不同的效果。怎样激发学生合作交流的积极主动性？那就是让问题更具有思考性和探索性。

数学教学中的合作交流不能等同于日常随性的谈话，它应具有一定的学习目标和指向性，是为解决某个具体的问题而进行。因此，教学中要不断地让学生产生思维的困惑，让他们在思维的压力下，主动地想与别人合作与交流。案例教学中，教师先从简单的三层汉诺塔开始引导学生探索，找寻层数与柱子之间的联系，再一步步增加汉诺塔的层数，引导学生找出层数和柱子之间的规律。最后，通过动手操作与小组沟通的过程，引发学生对规律的好奇和思考，从而让学生主动参与讨论。

[案例 B]"可能性"教学片断

学生小组活动：学生继续向五层发起挑战。

在挑战之前，先让学生猜一猜五层最少需要多少步？

师出示：1，3，7，15。

我们知道一层需要1步，二层需要3步，三层需要7步，四层需要15步。你发现规律了吗？

小组内讨论，看看哪一小组先找出规律。

推理：$1+1+1=3，3+1+3=7，7+1+7=15，15+1+15=31$。
　　　　$1\times2+1=3，3\times2+1=7，7\times2+1=15$。

这里面1指的是哪一步？又为什么要乘以2呢？

下面开始挑战五层汉诺塔。试一试，能不能用我们算式中得出的31步完成挑战。准备,开始挑战。

学生汇报展示

师追问:为什么成功? 为什么失败?

看来同学们都很喜欢这个游戏,虽然有些同学可能还没有完成,没有关系,相信再多给你们一些时间,一定能够挑战成功。

以组间竞争促组内合作。竞争和合作并不是一对相互排斥的概念,而是可以相互促进的。培养学生的合作意识、集体观念,可以通过竞争的机制去增强学生对集体的责任感和荣誉感,即用外部的压力去促进内部的团结。案例B的教学,引进了小组间竞争的机制,这样就会促使小组成员之间主动地采取分工合作的方式,而无须再由老师去安排合作,组织交流。试想,在案例B的教学中,如果老师说的是"看哪位同学最快?"他们之间的合作交流状况会如何呢? 所以在全班总结交流时,老师关注的一定是小组的整体意见而非个人。评判也应以小组为单位。①

二、是环节还是方式

一节课中究竟安排几次小组学习为宜呢? 我们经常这样讨论着。细细分析这种讨论,它其实是把合作交流局限在教学环节之上。试想,一节课都让学生在小组内合作交流,又有何妨呢? 下节课再整理归纳就是了! 打破知识的分割,建立一种大的课程观和教学观,我们完全可以在课堂内探索更大时空的合作与交流。同时,合作交流不能仅仅限于课内,学习小组不能课内像集体,课外如"散兵"。课外的合作交流,更能发挥学生的积极性,更能调动他们的集体荣誉感。让我们从整体着眼,从形成氛围和培养习惯入手,积极地将学生学习数学的过程变成一种师生不断"对话"与"协作"的过程,让合作交流的学习方式发挥它更大的效应。②

(本文作者:顾兰婧)

三、提升了学科的教学效能

《义务教育数学课程标准》倡导有效的教学活动是学生学与教师教的和谐统一,明确提出教师要在数学教学活动中把基本理念转化为自己的教学行为,并提高教学效益。由此可见,如何改善数学教学行为,提高教学活动的有效性,实现

---

① 夏青峰.怎样促进学生的合作交流[J].江苏教育,2003(2B):38-40.
② 夏青峰.怎样促进学生的合作交流[J].江苏教育,2003(2B):38-40.

高效数学课堂,不断提升课堂教学的品质,是数学教学追寻的永恒话题。教学中的"爱"与"智"是提高教学效能的前提和基础。对于数学学科而言,对数学的"爱"体现为热爱数学并能感悟到数学的价值,如数学的应用价值、认识价值、智力价值(观察力、注意力、记忆力、思维力和想象力)、精神价值(理性精神及求实精神)和美学价值(简洁美、统一美、匀称美及奇异美等);对数学的"智"则体现为通过智慧的方法教学以及不断积淀数学教学的智慧。通过与非实验班级的多次对比,数学课堂中益智学具的使用,丰富了师生的互动形式,让数学课堂的探究性、体验性、思维性有了更为现实的实现载体,在这种游戏化的设计中,师生共同开展思考和探索,共同体会数学之美,积淀数学之智,有效克服了单一的知识传递的旧型课堂,显著提升了学生数学学习的兴趣和成效。

四、推动了学校的内涵发展

学校办学价值和育人目标的实现需要依靠持续不断的内涵发展,反言之,学校里的任何工作,也都需要以促进学校内涵发展为重要价值指向。通常,人们似乎倾向于把"发展"等同于"变化",实际上两者有一定的关联,但也存在显著的差异。简单来说,"变化"的结果是中性的,而"发展"从结果来看,其产生的影响多是积极的。有些学者认为发展"是事物由旧质到新质的运动、转化过程。事物总是在不断的运动、发展中,从简单的位置移动到由一种质态向另一种质态的转化"。具体而言,我们认同的发展是指:事物的不可逆性、定向性和规律性的变化。只有同时具备这三种特性的变化才属于发展过程。功能发挥过程是可逆性的变化,突变过程是不具有规律性的变化,因而都不属于发展过程。发展是方向性的变化过程,因而具有积累性质,发展的结果,是事物产生新质和新态。据此定义,从一般意义上来说,学校发展可以看作是学校由小变大、由简单到复杂、从低级到高级的变化,反映的是一所学校的积极成长、变化和进步的过程。学校发展本身包括十分丰富的内涵。从发展的主体来看,学校发展可以指学生的发展、教师的发展、学校领导团队的发展。从发展的具体内容来看,学校发展可以指学校的硬件与软件的发展。硬件发展主要包括学校教育教学设备的更新与提高、校园环境的规划与建设等,软件发展则主要包括学生与教师素质的提升、学校品牌与形象的树立和扩展、校园文化建设等。从发展的方式来看,学校发展可以归纳为规模化发展与内涵式发展。从发展的性质来看,学校发展则可能包括渐进式发展与跨越式发展[1]。

---

① 胡文斌,陈丽萍,陈向阳.学校发展本质分析与实践路径的构建[J].大学教育,2017(2):1-5,14.

推动学校内涵发展是当前学校改革发展中的重要价值指向,内涵发展区别于外延式发展的重要内容就是注重学校软实力建设,增加学校改革发展的情感和智力投入,优化学校的课程体系,实现育人质量的整体提升。从这个角度出发,我们认为,小学数学益智学具游戏化拓展型课程的开发,从两个维度促进了学校的内涵发展。

(一)形成了一系列物化成果

第一,在研究的过程中,我们进行了一系列文本性的制度设计。为保证课程建设和课程实施,我们编制了小学益智学具游戏化课程方案,就课程目标、课程内容、课程实施、课程评价及课程保障等方面做了明确的规定和要求,使之成为课程建设与实施的基本遵循,以确保课程建设的质量并以课程实施的有效推进,促进学生核心素养的培育。课程方案系统梳理了游戏化拓展型课程设计、实施与评价的规范性要求,是该拓展型课程在实践领域最为重要和直接的指导性文本,也是本研究成果的集中展现。第二,围绕项目的实施,我们设计了一系列丰富的游戏活动,形成了游戏活动用于课程和教学活动的文本指南。同时,也围绕项目研究的开展,撰写了相应的文献综述、调研报告,形成了 16 篇专题论文,提升了研究的理论价值。

(二)丰富了学校的课程体系

《国家中长期教育改革与发展规划纲要(2010—2020 年)》指出:"把促进人的全面发展、适应社会需要作为衡量教育质量的根本标准。"而"促进人的全面发展",需要系统化、切合学生个性的课程来实现。在严格落实好国家课程的同时,需要开发富有特色的拓展型课程,并使之为每一个学生的终身发展服务。因而,变革课程成为学校发展的着力点。[①] 基于此,我们在"基于学生、适合学生、发展学生"教育思想引领下,根据学生发展需求,联系生活实际,以益智学具为载体,以游戏活动为形式,开发了"小学数学益智学具游戏化课程",旨在激发学生学习兴趣,提升学生学习能力,发展学生核心素养。这一课程的开发和实施,不但丰富了学校拓展性课程的内容,优化了学校课程体系,而且在实施核心素养培育这一共同旨意下实现了功能的互补,补充了其他拓展性课程或基础性课程在核心素养培育中相对不足的部分,从而提高了学校整个课程体系的功效,为学生核心素养的充分发展提供了机会。同时也更好地对接了学校的办学理念,为每一个孩子的幸福健康成长提供了更加多元化的课程支持。

---

① 陆振华,李小英.课程变革:基于学校品质提升的思考与实践[J].上海教育科研,2018(8):73-76.

"小学数学益智学具游戏化拓展型课程"建设方案

一、课程开发背景

开发拓展型课程是当今世界基础教育课程改革的一种必然，也是未来基础教育课程改革的一个趋势。拓展型课程与国家课程比较，更能尊重和满足学校教育环境的独特性和差异性。

2016年初，我校从北京凌伊动力教育科技有限公司引进了一批"益智学具"，从具中挑选了适合小学生使用的50种，以"游戏活动"的形式引入学校的拓展型课程学习。在实践中，我们发现学生在运用"益智学具"开展游戏的过程中，动手、动脑、主动探索的欲望强烈，相互合作、共同探讨的行为随时发生，他们享受这种过程，并乐意互相共享经验、互相谦让理解、共同解决问题。《义务教育数学课程标准》(2011年版)指出，数学教学活动必须激发学生兴趣，调动学生积极性，引发学生思考；要注重培养学生良好的学习习惯，掌握有效的学习方法。学生学习应当是一个生动活泼的、主动和富有个性的过程，除接受学习外，动手实践、自主探索与合作交流也是学习的重要方式，学生应当有足够的时间和空间经历观察、实验、猜测、验证、推理、计算、证明等活动过程。基于这些引发了我们对"益智学具"的深入思考和研究，成立了以数学教师为主要研究者的核心团队，开发了以益智学具为主体的"小学数学益智学具游戏化拓展型课程"，促进学生能力的发展，学科素养的提升。

我校的游戏化课程以激发学生兴趣为目标，第一，根据学生身心发展特征和年龄特点，在学生的认知发展水平和已有的知识经验基础之上，提供充分的游戏活动机会，帮助他们在自主探索和合作交流的过程中，理解和掌握一定的数学思想和方法，促进小学数学核心素养的形成。第二，结合沪教版小学数学教材中的部分教学内容，把益智课程与数学教学内容紧密联系，根据思维深度合理选择益智学具，选择游戏内容，把数学益智课程作为数学课程教材内容的延伸与拓展，分层设计，形成分年级的拓展型拓展型课程。

二、课程目标

(1) 通过游戏活动，激发学生学习数学的兴趣，建立自信心，体会学习的乐趣和成功的喜悦，增强学生学习数学的动力。

(2) 通过游戏活动，让学生获得初步的数学实践活动经验，能运用所学知识和方法解决简单问题,拓宽他们的思维。

(3) 通过游戏活动,让学生在玩中学,做中学,促进学生数学思维、探究兴趣、创新品质、实践能力的提升。

(4) 通过游戏活动,培养学生与人合作、交流的意识和能力,培养学生敢于质疑、不怕困难的良好学习品质。

三、课程内容

课程内容主要体现在我们编写的学本上,学本共分五册,每个年级一册,每册10个游戏内容,每个游戏内容分为五个板块,分别是热身运动(了解学具、熟悉规则)、快乐参与(学习方法、运用策略)、大显身手(自我挑战、积极互动)、探索无限(内容延伸、拓宽视野)、点赞榜(自我评价)。

一年级	二年级	三年级	四年级	五年级
四宫数独	幻方	狭路相逢	24点	24点.2
赛马棋	夺王游戏	扫雷2	翻转棋	九宫数独
魔术小棒	翻转棋	五子棋	莫比乌斯环1	五子棋2
三层汉诺塔	扫雷1	巧算21点	扫雷3	莫比乌斯环2
钓鱼能手	你算我取	T字之谜2	九层汉诺塔	数棋2
大鱼吃小鱼	七巧板	华容道2	数棋1	扫雷4
排七	算格1	算格2	魔方2	索玛方块2
巧夺红心	华容道1	魔方1	魔力扑克牌	魔方3
T字之谜1	算式小棒	破碎的蛋	智取小棒	会画画的小棒
三子棋	索玛方块	11个F	坎拉哈大战	超级大赢家

四、课程实施及原则

(一) 课程实施

实施方式:自主拓展

适合对象:小学一至五年级学生

课时安排:一个学年为一个周期,每周1课时,每课时35分钟。

器材要求:益智学具

教学资源:益智游戏学本5册

（二）实施原则

艾利奥特说，"课程的改革是人的改革"，"课程的发展是人的发展"。它在内容上应该不同于学生的课本知识，形式上也要有所突破。基于益智学具的游戏化拓展型课程开发的意义和目的，在拓展型课程开发的过程中，遵循以下基本原则。

（1）趣味性。数学活动中，寓教于乐有助于激发学生的学习兴趣，这是符合儿童年龄特征和心理特点的。我们通过游戏的形式，让学生感受到数学的无穷趣味。

（2）实践性。实践是指在活动中，注重学生自主参与、全过程参与，重视学生积极动脑、动手、动口。苏霍姆林斯基说过，"儿童的智慧就在他的手指尖上"。好动是孩子的天性，同时，通过实践操作又可以启迪儿童的智慧。通过实践活动，让小学生在动手和动脑的过程中，发展他们的思维能力。

（3）指导性。教师在实施活动时应特别关注，在经历具体的"综合与实践"问题的过程中，引导学生体验如何发现问题，如何选择适合自己完成的问题，如何设计解决问题。

（4）发展性。培养学生良好的数学学科素养，是数学教学要达到的重要目标之一，尤其在拓展型课程内容的设计上，有步骤地渗透数学思想方法，让学生通过观察、操作、实验、猜测、推理与交流等活动，感受数学思想方法的奇妙与作用，逐步形成有序严密地思考问题的意识，形成敢于质疑、不怕困难的良好学习品质。

五、课程评价

本课程是在数学实践活动的基础上，在新课程改革的理念指导下，结合教学内容形成的校本实践活动。它正处于实践与发展的过程中，在这个过程中一定会遇到不少新的问题，需要我们和孩子一起不断地分析与解决。评价不仅要关注学生的活动结果，更要关注学生在活动过程中的发展和变化，应采用多样化的评价方式，恰当呈现并合理利用评价结果，发挥评价的激励作用，保护学生的自尊心和自信心。[①]

① 教育部.义务教育数学课程标准(2011版)[M].北京:北京师范大学出版社,2011.

评价内容			自评				互评				师评			
			优	良	合格	须努力	优	良	合格	须努力	优	良	合格	须努力
活动情况	参与活动 20分	能积极主动参与活动,并乐于完成活动任务	20分	15分	10分	5分	20分	15分	10分	5分	20分	15分	10分	5分
	活动技能 30分	能在活动中积极思考,运用方法解决问题	30分	20分	10分	5分	30分	20分	10分	5分	30分	20分	10分	5分
	合作学习 30分	在活动中能与同学互相合作共同完成,表现出较强的组织协调能力	30分	20分	10分	5分	30分	20分	10分	5分	30分	20分	10分	5分
总体评价:														

第二节　对未来探究的展望

历史的车轮滚滚向前,教育的改革发展不能止步不前。1949至今,教育改革与发展已走过70多个年头,我国的教育事业发展走到了新的关口。结合历史经验,可以温故知新;结合时代发展,可以推陈出新。过往的历史和当前的时代将为我们指明新时代的教育出路。

一、全面把握新时代教育改革发展的特点

从国际环境来看,在当前的时代大背景下,世界教育正处于大发展、大调整、大变革的重要时刻。自21世纪以来,科技革命和经济全球化加剧了世界对人才的需求,人才资源作为一个国家发展的基石,将成为推动社会发展的"第一资源",而培养人才的竞争就是教育的竞争。时代在不断发展,教育要培养出符合当前时代发展需求的人才,就必须作出相应的变革,否则将如逆水行舟,不进则退。从国内环境来看,我国的社会经济发展步入"十四五"时期,这是我国全面建成小康社会、实现中国梦的关键时期。随着经济的飞速发展,我国的主要社会矛

盾已转变为人民日益增长的美好生活需要和不平衡不充分的发展之间的矛盾，这其中也包含着人民群众日益增长的对高质量教育的需要和教育不平衡不充分的发展之间的矛盾，这一矛盾将进一步刺激改革来推动教育的发展。① 党中央对教育事业的发展给予了高度重视，国家加大了对教育的投入，为教育改革提供了有力的保障。身处国际国内两个变局之中的学校教育，必须着眼于对新时代教育基本特征的全面把握，建构兼具时代性和个性化的改革发展之路。

就新时代教育改革发展的特征而言，以下几个维度需要特别把握。

第一，发展性的价值取向。我国工业化、城市化发展的几十年里，很多时候教育的主要目的成了升学，很多学校教学更像是一个加工厂操作，以学生为产品进行批量生产，教育的功能趋于物化。新时代教育发展的价值取向正逐渐脱离这种非人性化的价值观，开始向发展性教育转变。教育的目的在于为社会培养人，促进人的发展既是新时代教育发展的目标，又是中国特色社会主义建设的需要，发展性的价值取向正是立足于人的素质和能力的全面发展，实现人在社会发展中的价值主体地位。

第二，全人的育人格局。马克思主义的终极价值目标是实现人的自由而全面的发展。追求人的全面发展，是构建新时代教育格局的根本。所谓人的全面发展，在广度上要求教育的发展覆盖每一位学生，在深度上要求德、智、体、美、劳五育并举。前者意在改善当前我国教育不平衡不充分的发展现状，后者意在实现立德树人，为国家培养德智体美劳全面发展的社会主义建设者和接班人②。

二、持续推进益智类学具拓展型课程的研究

正如笔者一直强调的，教育研究是一种理性活动，理性既指人的行为能力，即形成概念、进行判断、分析、综合、比较、推理等能力，也是思维着的主体对外部存在的观念性掌握，对人的行为具有指导作用。理性分为理论理性和实践理性，教育研究是理论理性和实践理性的统一。因此，在理性层面，教育研究不仅探寻"是什么"的问题，对纷繁复杂的教育现象存在的状况、内在结构、本质和发展规律进行认识，建构"真"的知识，还要回答"应如何"和"怎么做"的问题③。同时，在观念的指引下，合理地建构教育活动，并预设其结果。当下，教育研究与实践问题的冲突将"实践理性"凸显出来，要求我们在理性的建构中更为关注实践理性，

---

① 唐宇.新时代教育发展趋势探究——基于基础教育改革视角[J].基础教育研究,2020(3):3-5,10.

② 唐宇.新时代教育发展趋势研究——基于基础教育改革视角[J].基础教育研究,2020(5):3-5,10.

③ 李太平,刘燕楠.教育研究的转向:从理论理性到实践理性——兼谈教育理论与教育实践的关系[J].教育研究,2014(3):4-10,74.

以满足教育实践对教育研究的渴求,并以此为突破口,提高教育研究质量,提升教育实践的品质。

从上述理念出发审视小学数学益智学具游戏化拓展型课程建设的研究,总体而言,我们认为,在教育主管部门的正确指导,相关专家的帮扶和学校全体教师的共同努力下,本研究基本完成了各类目标和预设,取得了丰富的成果。但着眼于更高层面的要求,特别是更好地发挥这一研究对于实践改革的积极价值,未来我们还将着力在以下三个方面进行尝试和努力。第一,已完成的拓展型课程学习指南,需要在实际教学中进行不断的修改和完善;第二,通过开展课堂教学实践,积累案例,验证读本内容的科学性和可行性,及时反馈调整研究,实现益智课程和基础性课程的优化组合;第三,通过持续的研究,既让川一学生极大地提升学习数学的兴趣,并促进其数学能力的发展,又使川一教师在学本以及学本指南的编撰的过程中提升素养,促进专业发展。

参考文献

[1] 苏渭昌,雷克啸,章炳良.中国教育通史(中华人民共和国卷)[M].北京:北京师范大学出版社,2013.

[2] 姚金菊.新中国70年关于教育本质的探索:回顾与展望[J].首都师范大学学报(社会科学版),2019(6):1-10.

[3] 联合国教科文组织.反思教育:向"全球共同利益"的理念转变?[M].北京:教育科学出版社,2017.

[4] 顾明远.再论教育本质和教育价值观——纪念改革开放40周年[J].教育研究,2018(5):4-8.

[5] 杨嵘均.回归人性:关于教育本质的再认识——兼论卢梭《爱弥儿》自然教育思想的当代价值[J].华南师范大学学报(社会科学版),2020(4):58-70,190.

[6] 李吉林.学习科学与儿童情境学习——快乐、高效课堂的教学设计[J].教育研究,2013(11):81-91.

[7] 高文.学习创新与课程教学改革[M].广州:广东教育出版社,2007.

[8] 周彬.论回归立德树人的课堂教学建构[J].中国教育学刊,2020(4):48-53.

[9] 董虫草.胡伊青加的游戏理论[J].浙江大学学报(人文社会科学版),2005(3):48-56.

[10] 郭戈.西方兴趣教育思想之演进史[J].中国教育科学,2013(1):124-155,211.

[11] 杜威.民本主义与教育[M].邹恩润,译.北京:东方出版社,2013.

[12] 裴蕾丝,尚俊杰.回归教育本质:教育游戏思想的萌芽与发展脉络[J].全球教育展望,2019(8):37-52.

[13] 夏德清.论教育与社会的关系[J].华中师范大学学报(人文社会科学版),1986(5):116-122.

[14] 吴航.游戏与教育——兼论教育的游戏性[D].武汉:华中师范大学,2001.

[15] 王兆璟.论有意义的教育研究[J].教育研究,2008(7):39-43.

[16] 杨开城.教育研究的庸乱根由与出路[J].现代远程教育研究,2018(1):24-30.

[17] 李太平,刘燕楠.教育研究的转向:从理论理性到实践理性——兼谈教育理论与教育实践的关系[J].教育研究,2014(3):4-10,74.

[18] 钟建林.中小学教育科研选题价值提升路径研究[J].教育学术月刊,2019(4):63-69.

[19] 钟启泉.学科教学的发展及其课题:把握"学科素养"的一个视角[J].全球教育展望,2017(1):11-23,46.

[20] 陈勇.走进学科教学:教学论研究的应然路向[J].中国教育学刊,2017(3):40-44,88.

[21] 刘加霞,王秀梅.读懂学科育人价值,提升教师学科育人能力[J].中小学管理,2019(10):37-39.

[22] 周芝峰.谈新课标下数学教学的有效性[J].福建论坛(人文社会科学版),2012(13):115-116.

[23] 张丹,王彦伟.数学学科育人指向:用数学思想和理性精神滋养学生[J].中小学管理,2019(11):9-11.

[24] 石爱琴.刍议数学学具在小学数学课堂教学中的应用[J].学周刊,2020(20):103-104.

[25] 陆海进.浅谈数学学具在小学数学教学中运用的魅力[J].基础教育论坛,2020(10):11-12.

[26] Kesler S R,Sheau K,Koovakkattu D,et al. Changes in frontal-parietal activation and math skills performance following adaptive number sense training:preliminary results from a pilot study[J]. Neuropsychological Rehabilitation,2011(4):433-454.

[27] 牛瑞雪.基于学生发展核心素养的课程整合与创生[J].当代教育科学,2018(2):86-88.

[28] 张华.核心素养与我国基础教育课程改革"再出发"[J].华东师范大学学报(教育科学版),2016(1):7-9.

[29] 辛涛,姜宇,王烨辉.基于学生核心素养的课程体系建构[J].北京师范大学学报(社会科学版),2014(1):5-11.

[30] 解建团,汪明.基于核心素养的课程体系构建[J].当代教育与文化,2016(4):25-29.

[31] 魏宁.核心素养:课程改革再出发的起点[J].中小学信息技术教育,2016

(2):82.

[32] 褚宏启,张咏梅,田一.我国学生的核心素养及其培育[J].中小学管理,2015
(9):4-7.

[33] 褚宏启.核心素养的概念与本质[J].华东师范大学学报(教育科学版),2016
(1):1-3.

[34] 柳夕浪.从"素质"到"核心素养"——关于"培养什么样的人"的进一步追问
[J].教育科学研究,2014(3):11-17.

[35] 周序.核心素养:从知识的放逐到知识的回归[J].课程·教材·教法,2017
(2):61-66.

[36] 李红.高中学生地理学科核心素养的构建与培养策略[J].教育探索,2016
(5):29-34.

[37] 曹培英.从学科核心素养与学科育人价值看数学基本思想[J].课程·教材·
教法,2015(9):40-43,48.

[38] 林小驹,李跃,沈晓红.高中化学学科核心素养体系的构成和特点[J].教育导
刊,2015(5):78-81.

[39] 梁砾文,王雪梅.学科核心素养的内涵及培养模式[J].外国中小学教育,2017
(2):61-67.

[40] 周淑红,王玉文.小学数学核心素养的特质与建构[J].数学教育学报,2017
(3):57-61.

[41] 孙绵涛.内引发展式:学校改革发展的内在诉求[J].中国教育学刊,2016
(12):1-4.

[42] 叶澜.深化儿童发展与学校改革的关系研究[J].中国教育学刊,2018(5):1.

[43] 华勒斯坦,等.学科·知识·权力[M].刘健芝,等编译.北京:生活·读书·
新知三联书店,1999.

[44] 刘涛.教师成为研究者:急需澄清的三个问题[J].教育发展研究,2012(12):
58-63.

[45] 杜晓利.富有生命力的文献研究法[J].上海教育科研,2013(10):1.

[46] 李玉斌,宋金玉,姚巧红.游戏化学习方式对学生学习效果的影响研究——
基于35项实验和准实验研究的元分析[J].电化教育研究,2019(11):56-
62.

[47] 张金磊,张宝辉.游戏化学习理念在翻转课堂教学中的应用研究[J].远程教
育杂志,2013(1):73-78.

[48] 祝士明,王田.游戏化学习环境下的教与学[J].现代教育技术,2017(6):25-

30.

[49] Amir B，Ralph P. Proposing A Theory of Gamification Effectiveness[J]. Systems Research，2014(1)：60 - 95.

[50] 叶长青,王海燕,王萍.数字化教学游戏三维评价体系架构[J].远程教育杂志,2009(6):71 - 73,78.

[51] 钟启泉,崔允漷,张华.为了中华民族的复兴 为了每位学生的发展——《基础教育课程改革纲要(试行)》解读[M].上海:华东师范大学出版社,2001.

[52] 叶澜.课程改革与课程评价[M].北京:教育科学出版社,2001.

[53] Cornbleth C. Curriculum in context [M]. London：The Falmer Press，1990.

[54] 杨子秋.以校本课程领导促进学校改进之研究[D].上海:华东师范大学,2007.

[55] 陈磊."自制物理学具"校本课程的开发与实践[D].成都:四川师范大学,2020.

[56] 卢茜.游戏化学习让学习成为探索之旅[J].中国教育学刊,2019(10):107.

[57] Malone T W. What makes things fun to learn? a study of intrinsically motivating computer games[J]. Pipeline,1981(2):50 - 51.

[58] Gee J P.What video games have to teach us about learning and literacy [J].Computers in Entertainment(CIE),2003(1):20 - 22.

[59] 鲍雪莹,赵宇翔.游戏化学习的研究进展及展望[J].电化教育研究,2015(8):45 - 52.

[60] 徐杰,杨文正,李美林,等.国际游戏化学习研究热点透视及对我国的启示与借鉴[J].远程教育杂志,2018(6):73 - 83.

[61] 刘良华.教育哲学[M].上海:华东师范大学出版社,2017.

[62] 单丁.课程流派研究[M].济南:山东教育出版社,1998.

[63] 袁利平,杨阳.施瓦布的"实践"概念及课程旨趣[J].全球教育展望,2020(1):17 - 26.

[64] 史学正,徐来群.施瓦布的课程理论述评[J].外国教育研究,2005(1):68 - 70.

[65] 陈娟,崔伟.校本课程开发与学校教育的价值追求[J].教育理论与实践,2017(34):61 - 64.

[66] 崔允漷.校本课程开发:理论与实践[M].北京:教育科学出版社,2000.

[67] 胡献忠.校本课程:概念、意义与地位[J].淮南师范学院学报,2002(1):

89－91.

[68] 索桂芳.中小学校本课程目标设计存在的问题及对策[J].教学与管理,2014(3):5－7.

[69] 刘俊平,孙泽文.课程目标设计:依据、原则及其基本流程[J].教育与职业,2012(5):99－101.

[70] 钟启泉.课程论[M].北京:教育科学出版社,2007.

[71] 张立昌,郝文武.教学哲学[M].北京:中国社会科学出版社,2009.

[72] 孙泽文,叶敏.课程内容的构成要素、组织原则及其结构研究[J].内蒙古师范大学学报(教育科学版),2013(2):60－63.

[73] 张华.课程与教学论[M].上海:上海教育出版社,2000.

[74] 蔡伟.校本教材的开发与运用[M].南京:江苏教育出版社,2012.

[75] 高志雄,赵苹.开放:校本教材再造的有效路径[J].教育理论与实践,2015(29):36－38.

[76] 蔡伟,高钗.校本教材建设的思考[J].教育研究,2006(2):90－92.

[77] 杨明全.课程实施的学理分析:内涵、本质与取向[J].全球教育展望,2004(1):35－38.

[78] Marsh C J & Willis G. Curriculum: alternative approaches, ongoing issues[M]. 2nd ed.Prentice－Hall, Inc., 1999.

[79] 汪霞.课程实施:一个值得关注的问题[J].教育科学研究,2003(3):5－8.

[80] 马云鹏.小学数学课程实施的个案研究[J].课程·教材·教法,2000(4):2－10.

[81] 赵文平,于建霞.论课程实施的复杂性及其应对策略[J].教育导刊,2007(12):30－33.

[82] 张华.论课程实施的涵义与基本取向[J].全球教育展望,1999(2):28－33.

[83] 姜勇.实践取向的课程实施刍议[J].比较教育研究,2002(6):40－43.

[84] 邓晶晶.创生取向课程实施的本质、失范与规范[J].课程教学研究,2013(5):16－19.

[85] 韦冬余,吴义昌.创生取向课程实施:本质与涵义[J].天津市教科院学报,2010(1):21－23.

[86] Ornstein A C & Hunkins F P.Curriculum: foundations, principles, and issues[M].3rd ed.Boston:Allyn and Bacon,1998.

[87] 叶澜.重建课堂教学价值观[J].教育研究,2002(5):3－7,16.

[88] 谭文丽.案例研修的特点、优势和科学运用[J].中小学教师培训,2019(10):

15－17.

[89] 余清臣.现代教育评价的技治主义及其限度[J].山西大学学报(哲学社会科学版),2019(1):103－109.

[90] 张滢.放权之后:政府"掌好舵",学校"划好桨"[N].中国教育报,2014－04－07(2).

[91] 冯虹,朱瑞.20世纪90年代以来我国教育评价政策的回顾及展望[J].教育测量与评价,2019(11):28－33.

[92] 冯军.评价论[M].北京:东方出版社,1997.

[93] 古贝,林肯.第四代评估[M].秦霖,等译.北京:中国人民大学出版社,2008.

[94] 刘志军.教育评价的反思与建构[J].教育研究,2004(2):59－64.

[95] 张其志.我国教育评价的科学观及其方法论的演变[J].黑龙江高教研究,2008(1):26－29.

[96] 刘五驹.评价标准:科学性还是人文性——"第四代评估"难题破析[J].教育理论与实践,2014(16):23－26.

[97] 朱丽,赵汉华.我们需要什么样的教育评价?——教育评价价值的元反思[J].教育测量与评价,2015(6):4－7.

[98] 何欢.浅论教育改革的评价标准[J].内蒙古教育,2019(2):121－123.

[99] 刘丽丽.西方反思型实践理论综述[J].比较教育研究,2003(8):11－15.

[100] 揭水平.论反思型教研活动模式[J].中国教育学刊,2005(5):56－58.

[101] 孙敬牛,葛金国.英语竞赛获奖之后——从管理的基本原理到学校的反思型管理[J].教育发展研究,2006(5B):65－67.

[102] 鲁洁.教育的原点:育人[J].华东师范大学学报(教育科学版),2008(4):15－22.

[103] 陈玉华.学生立场:教育研究与实践的出发与回归[J].中国教育学刊,2017(1):19－22.

[104] 张宁娟."六个下功夫":新时代人才培养的行动指南[J].教育研究,2018(9):17－20.

[105] 卢海弘,张也.综合素质评价研究:最新进展、主要难点及破解思路[J].现代教育管理,2020(5):46－50.

[106] 成尚荣.走法治、专业、优质、创新之路——改革开放40年教师队伍建设回眸[J].人民教育,2018(21):28－32.

[107] 王光明,廖晶.改革开放40年来我国中小学教师政策的发展历程及特点分析[J].课程·教材·教法,2018(11):4－10.

[108] 中华人民共和国中央人民政府.中共中央 国务院关于全面深化新时代教师队伍建设改革的意见[EB/OL].(2018-01-31)[2020-03-19].
http://www.gov.cn/zhengce/2018-01/31/content_5262659.htm

[109] 金京泽.简论学校课程领导力之上海模型[J].上海课程教学研究,2019(12):6-12.

[110] 菲利普·贺灵杰.学习型领导力:模型及核心维度[J].教育研究,2013(12):118-128.

[111] 胡文斌,陈丽萍,陈向阳.学校发展本质分析与实践路径的构建[J].大学教育,2017(2):1-5,14.

[112] 唐宇.新时代教育发展趋势研究——基于基础教育改革视角[J].基础教育研究,2020(5):3-5,10.